다시, 책 속 한 줄의 힘

삶의 순간에 반짝이는 한 문장

저자 41인

고가연	고은주	공혜진	구옥정	권민경	김민경	김영미	김정현
김지은	김진수	김진옥	김하나	김혜경	김희영	박연신	배수경	배정화
변승현	성명주	손미주	손유림	안나진	안지은	양윤희	오주화	옥 샘
위혜정	윤미경	윤용한	이경하	이영현	이현정	이호경	장홍영	정다은
정민경	정송희	정수진	정은숙	정현진	황소리			

다시, 책 속 한 줄의 힘

자기경영노트 성장연구소 지음

BOOK STAR

프롤로그

책을 읽다 눈부신 문장에 한참 동안 눈길이 머문 적이 있나요?

책을 덮고 호흡을 가다듬으며 한 문장을 가슴에 품었던 순간이 있을 겁니다. 지하철 창밖 풍경을 뒤로하고, 공원에 앉아 책을 읽던 우리는 문득 멈춰 생각에 잠겼습니다. 그때 우리는 깊은 사색 속에서 나를, 그리고 삶을 돌아보게 되었습니다. 우리를 멈추게 했던 건 무엇이었을까요? 우리는 왜 멈춰 그 문장의 의미를 곱씹었던 것일까요? 당신 손에 들린 이 책이 그 답을 건네줄지 모릅니다.

우리는 책이라는 매개로 연결되어 있습니다. 우리 이야기는 한 권의 책이 되어 당신의 손에 들려 있습니다. 삶을 잘 살아내고 싶은 당신은 오늘도 '책'을 펼치고 마음을 붙잡는 문장을 찾아 나섰을 겁니다. 우리는 무언가를 만나기 위해 책 속을 여행합니다. 그리고 저마다 다른 울림을 마주하게 됩니다. 누군가는 위로를, 누군가는 용기를, 누군가는 새 길을 발견합니다. 저에게도 그런 순간이 있었습니다.

육아로 지친 어느 날, 모두가 잠든 고요한 새벽 홀로 책을 펼쳤습니다. 누구를 만날 수도, 어딘가로 훌쩍 떠날 수도 없었던 시절이었습니다. 책은 유일한 친구이자 생존을 위한 도피처였습니다. 해결되지 않은 현실의 문제와 엉켜 버린 감정을 어쩌지 못한 채, 무엇을 해야 할지 몰라 그저 읽었습니다. 밑줄을 치고, 책 모퉁이를 접고, 마음을 두드린 문장을 필사했습니다. 마음의 그물에 걸려든 문장을 삶 속으로 건져내려고 부단히 애썼습니다.

　책장을 덮고 나면 현실로 돌아왔지만, 살아갈 작은 힘을 얻은 것 같았습니다. 어떻게 살아야 할지 막막했던 순간에 책은 나를 토닥여 주며 '괜찮다' 속삭였습니다. 주저앉아 울고 싶은 날엔 내 마음을 붙잡은 그 문장에 기대어 한없이 눈물을 흘리기도 했습니다. 책 속 문장은 때로 세상 그 누구도 줄 수 없는 위로와 위안이었습니다.

　혼자 읽는 시간은 함께 읽고 나누는 시간으로 이어졌습니다. 그 시간 속에서 책이 건네는 위로와 힘을 함께 나눴습니다. 책에서 건져 올린 영감과 경험을 세상과 나누고자 마음을 모았습니다. 함께 모은 마음은 공명하며 서로를 울렸습니다. 그렇게 '다시 책 속 한 줄의 힘'으로 오늘을 살아가는 41명의 목소리가 어우러져 한 권의 책이 되었습니다.

　서로 다른 우리는 교실에서 아이들을 가르치는 교사로, 함께 일하는 동료로, 아이를 키우는 부모로, 부모님께는 여전히 자식으로, 그리고 '나'라는 이름으로 각자의 삶을 살아내고 있습니다. 우리는 책을 읽으며 삶의 문제를 마주할 용기를 키워갔고, 이제 우리의 이야기를 세상에 내어놓으려 새로운 걸음을 내딛습니다. 우리 삶을 변화시킨 작은 용기는 '책 속 한 줄'에서 시작되었습니다.

이 책의 중심에는 '책 속 한 줄'이 있습니다. 책 속에 담긴 그 한 문장이 어떻게 우리 삶으로 옮겨와 생명력을 갖게 되었는지, 그 힘을 공저자들의 목소리로 전합니다. 이 책은 단순히 좋은 문장을 모아놓은 데 그치지 않습니다. 책 속 한 줄이 건넨 힘으로 다시 살아갈 용기를 얻은 우리의 진짜 이야기입니다. 이제 그 이야기를 당신과 나누려 합니다.

책장을 넘기는 당신의 손길에 우리의 온기가 깃들기를 바랍니다. 책장에 닿는 당신의 눈길이 '책 속 한 줄'에 오래 머물면 좋겠습니다. 우리를 살게 한 그 힘이 당신의 삶에 향기를 더해 주길 소망합니다.

오늘도 책 속 문장에 기대어 살아가며
꽃밭샘 고가연

추천사

몇 해 전, 교장 자격연수에서 저의 멘토셨던 서 모 교장 선생님께서 여러 권의 노트를 보여 주신 적이 있습니다. 교장 선생님께서는 책을 읽거나, 라디오를 듣거나, TV를 시청하다가 마음에 남는 문장이 있으면 늘 메모하는 습관을 지니고 계셨습니다. 노트 속에는 다양한 글귀들이 적혀 있었고, 내용들을 직접 읽어 주시며 삶을 풍요롭게 하는 힘이 바로 그런 '한 줄의 기록' 속에 깃들어 있다고 말씀하셨습니다. 그 말씀은 제게 큰 울림을 주었고, 저 또한 그때부터 좋은 글귀를 만나면 메모하는 습관을 이어오게 되었습니다.

이번에 접한 『다시, 책 속 한 줄의 힘』은 저에게 오래도록 기억에 남을 특별한 책이 되었습니다. 더운 여름날 마시는 아이스 아메리카노처럼, 쓰디쓴 지난 삶의 기억을 떠올리게 하면서도 동시에 새로운 활력과 생기를 안겨 주었기 때문입니다.

책을 읽는 것은 정서를 안정시키고 감성을 자극하는 좋은 행동입니다. 또한, 아이들의 마음을 편안하게 이끌어 주어야 한다는 메시지입니다. 책 속의 내용 중 북유럽 국가의 부모들이 아이와의 정서적 교감을 중시하며 자율성을 존중하는 이야기는 교사이자 부모인 우리에게 큰 시사점을 줍니다. 아이, 부모, 교사가 함께 책 속 산책을 이어간다면, 그 속에서 행복과 자존감을 키워 모두가 행복해질 수 있다는 믿음이 생깁니다.

또한, 이 책은 '행복의 언어'를 상기시켜 주었습니다. "너무 좋다", "벅찬 감동이다", "고마워 눈물이 난다."처럼 단어에 부사와 형용사를 덧붙이면 감정이 배가 되듯, 행복의 언어를 입에 달고 살면 삶도 그만큼 풍요로워진다는 것을 깨달았습니다.

『다시, 책 속 한 줄의 힘』은 지친 마음을 따뜻하게 감싸 주고, 앞으로의 시간을 더 행복하게 살아갈 수 있도록 안내하는 책입니다. 저와 같은 교직 생활을 하는 분들뿐만 아니라, 삶 속에서 작은 위로와 용기를 얻고 싶은 모든 분께 이 책을 자신 있게 추천합니다.

- 안상규

선부초등학교 교장, 안산초등교장협의회 회장

"그 하룻밤, 그 책 한 권, 그 한 줄이 인생을 바꿀지도 모른다."

- 니체

저는 이 말을 오랫동안 좋아해 왔습니다. 실제로 책 속 한 문장이 무너진 제 마음을 붙잡아 주고, 흔들리던 삶을 다시 일으켜 세워 준 경험이 있었기 때문입니다. 지치고 멈춰 선 순간마다 어떤 문장은 방향을 가리켜 주었고, 또 다른 문장은 다시 걸음을 내딛게 하는 힘이 되었습니다. 책은 늘 그 자리에 있었고, 언제나 저를 기다려 주었습니다.

이 책 『다시, 책 속 한 줄의 힘』은 그런 경험을 모은 기록입니다. 누군가의 삶을 바꿔 놓은 문장, 그 문장을 붙잡고 살아낸 이야기가 담겨 있습니다. 단순한 인용이 아니라, 한 줄이 어떻게 삶과 맞닿아 실제 힘이 되었는지를 보여 줍니다.

이 책을 읽는 독자는 자연스럽게 자신의 인생을 흔들어 준 한 줄을 떠올리게 될 겁니다. 책은 모든 내용을 통째로 기억하거나 완벽히 이해하기 위해 읽는 것이 아닙니다. 내게 말을 걸어오는 한 문장, 가슴을 두드리는 한 줄을 만나기 위해 읽는 것입니다. 이 책에서도 꼭 그런 한 줄을 얻으시길 바랍니다.

- 박근필

수의사, 『마흔, 더 늦기 전에 생각의 틀을 리셋하라』 저자

교실 밖 선생님

매일 글을 대하는 것이 일상이지만 마음에 꼭 와닿는 글귀를 만나기란 쉽지 않았습니다. 한때 듣기 좋고, 예쁘고 말랑말랑한 문장들로 감성을 자극하는 책들이 유행했을 때도 저는 무덤덤했습니다. 보여 주고 싶은 부분만 발췌해 모은 글은 박제된 전시물을 보는 것처럼 별다른 감정을 불러일으키지도 않았고, 화려하게 포장된 문장들은 오히려 마음을 공허하게 만들었습니다. 하지만 『다시, 책 속 한 줄의 힘』은 달랐습니다.

이 책은 교실이라는 우주 안에서 교사이자 엄마, 아내, 딸로 살아가는 이들의 진솔한 삶이 녹아 있는 문장들로 살아 숨 쉽니다.

교실에서 끊임없이 혼잣말을 하는 아이의 숨은 사연을 발견하고, 고사리의 무한 반복되는 패턴 속에서 슬픔을 관조하는 법을 배우고, 엄마를 잃은 제자 앞에서 울음을 삼키며 따뜻하게 안아 주는 이야기들이 가랑비처럼 촉촉하게 마음을 적셔옵니다. 20년 전 아이들이 쓴 '마음으로 매긴 성적표'를 꺼내보며 교사로서 첫 마음을 되새기는 장면은 깊은 울림을 주었습니다.

이 책은 늘 보아오던 반듯하고 모범적인 교실 안 선생님 뒤에 흔들리고 고뇌하면서 치열하게 자신의 정체성을 찾아가는 교실 밖의 또 다른 선생님이 존재하고 있다는 것을 일깨워줍니다.

흔들리면서도 결코 빛을 잃지 않는 항성이 되기를 염원하는 이 세상의 모든 선생님들을 응원하며 『다시, 책 속 한 줄의 힘』을 적극 추천합니다. 이 책이 교사들에겐 서로를 응원하는 힘이 되고, 학생과 학부모에겐 선생님의 진심을 이해하는 소중한 선물이 되기를 바랍니다.

- 전현정

동화작가, 『으랏차차 뚱보 클럽』 제19회 황금도깨비상 수상작 외 다수 집필

책 속 한 줄에는 몇 개의 글자, 몇 개의 단어가 스며 있을까요?

긴 호흡의 문장과 짧은 호흡의 문장에 따라 다르겠지만, 그 상징적인 책 속 한 줄에서 '힘'을 얻고자 모인 사람들이 있습니다.

책을 마주하며, 외면하고 싶었던 초라하고 작은 내 마음을 '활자란 거울'에 비추어 보기도 하고, 만지고, 살아내며 손끝에서 정성스럽게 글을 써 내려간 사십여 분의 교사들. 그들은 '힘내', '힘내세요'라고만 말하지 않았습니다. 오히려 힘을 내지 않아도 된다고, 있는 그대로의 나로 살아도 괜찮다고, 자신의 성장 앞에서 힘이 필요했던 그들인데 글쓰기의 여정에서 보이는 그들의 언어는 지칠 땐 잠시 쉬어 가라고 나에게 멈춤의 시간을 내어 주었고, 꼭 주인공이 아니어도 괜찮다고 무용의 가치를 속삭였으며, 변화 앞에서 두렵게 서성이는 나에게 살며시 용기를 건네주기도 합니다.

바쁜 일상을 살아가는 우리에게 나만의 공간에 책상 하나, 책 한 권, 노트북 하나를 놓고 씨름할 수 있는 여유는 어쩜 사치일지도 모릅니다. 이 기가 막힌 사치를 하지 않고서는 교단을 지키기 힘든 교사들의 그림자도 엿볼 수 있습니다.

채우지 않으면 내어놓을 수 없는 교육 현장. 그곳에서 버티고 살아남기 위해서 어쩜 그들은 일상의 빈틈에 자신의 마음 하나를 지키기 위해 책 속 한 줄을 부여잡은 것은 아닐까요? 가끔 서툰 나에게 보내는 그들의 치유의 여정은 결코 자신 안에 머물지 않고 눈으로, 가슴으로, 손끝으로, 발끝으로 교사라는 사명을 향해 조심스럽게 움직이고 있습니다. 길에서 우연히 만난 노인이 스치듯 무심히 던진 이 한마디가 떠오르는 순간입니다.

"우리는 아름다운 걸 많이 봐야 해…."

책 속 한 줄에 책 한 권이 고스란히 담겨 거칠고 메말랐던 우리의 영혼에 촉촉하게 '활자란 비'를 뿌려 줄 아름다운 사람들이 있습니다. 이제 그들을 마주할 시간입니다. 진부하고 거친 아름다움 일지라도 그 속에서 진짜 나를 만나는 시간을 선물해 보기 바랍니다.

- 송정희

KBS 성우, 송정희 낭독학교 대표

편집자로서 책을 본다.

　책 뒤에 있는 작가들의 모습이 보인다. 책을 읽다가 멈칫, 내 삶과 같은 주파수를 가진 문장을 만나 감정의 울렁임을 느끼는 작가들의 모습이 그려진다. 울렁임의 근원을 찾아, 그것을 표현할 적확한 말을 찾아 고민했을 시간이 눈에 보인다. 글 한 편은 쉬이 써지지 않는다. 삶을 치열하게 들여다보고, 그것을 손에 움켜쥔 채 수많은 밤을 뒤척여야 글 한 편이 나온다. 그래서 글 한 편에는 작가의 삶의 모습과 생각과 감정과 깨달음이 고스란히 담겨 있다. 그런 글이 41편이나 이 책에 모여 있다. 심지어 작가들이 고른 책 속 한 줄과 함께. 수많은 책 중에서 엄선된 문장과, 수십 번의 퇴고에서 살아 남은 문장이 이 책에 있다. 그야말로 수십 개 삶의 정수를 선물 받은 기분이다.

　다독가로서 책을 본다.

　세상에 없는 책은 없다지만, 내가 모르는 책이 이렇게나 많았다니! 아니, 이렇게 좋은 책들을 내가 모르고 있었다니! 거대한 정보의 파도에 휩쓸려 이리저리 떠밀려 다닌 지 오래다. 세상은 왜 이리 급격히 변하는지. 세상의 속도에 발맞추려 이 책 저 책 읽기에 급급했다. 그런데 이 책을 읽고 독서의 본질에 관해 다시 한번 상기했다. 내 삶에 필요한 책, 오래오래 곁에 두고 싶은 책이 무엇인지 깨달았다. 책 속 한 줄과 저자의 삶이 절묘하게 어우러져, 내 삶에 파고든 덕분이다. 책 한 권을 읽었을 뿐인데, 내게 꼭 맞는 수십 권의 책을 선물 받은 기분이다.

　한 사람으로서 책을 본다.

　『다시 책 속 한 줄의 힘』이라니. 제목이 참 거창하다. 그런데 이만큼 꼭 맞는 제목이 없는 듯하다. 책으로 삶이 바뀐 사람이 바로 나이기 때문이다. 나는 얼마 전까지 교사였다. 그런데 지금은 출판사 대표이다. 앞선 문장에 마침표를 찍고 새로운 문장이 시작되기까지 눈에 보이지 않는 수많은 시간이 있었다. 그리고 그 모든 순간에 책이 곁에 있었다. 수많은 책 속 한 줄이 어제와 다른 나, 용기 있게 삶의 새로운 페이지를 쓰는 나를 만들었다. 이 책 속에도 자신만의 삶의 페이지를 쓰고 있는 41인의 저자가 있다. 그들이 쓴 삶의 페이지를 엿보는 것만으로도, 책 속 한 줄의 힘이 느껴진다. 그리고 궁금해진다. 독자들은 이 책의 어떤 문장에 밑줄을 그을까. 그리고 그 문장은 그의 삶에 어떤 변화를 일으킬까.

 이 책을 통해 누군가는 인생 책을 소개받을 것이고, 누군가는 위로를 받을 것이며, 누군가는 희망과 용기를 선물 받을 것이다. 또 다른 누군가는 자기 삶을 글로 써 보고 싶을 수도 있겠다. 그것이 이 책이 가진 힘이고, 책 속 한 줄의 힘이다. 독자들도 그 유쾌한 힘을 느껴 보길 바란다.

- 손혜정
출판사 이월오일 대표

목차

프롤로그 ... 5
추천사 ... 8

1부 / 쉼과 마주침 – 나를 멈추고 바라보는 시간

01 주인공이 아니어도 돼 • 공혜진 ... 21
『셰이커』, 이희영

02 슬픔이 있어 더 아름다운 • 김지은 ... 26
『아주 오랜만에 행복하다는 느낌』, 백수린

03 삶이라는 예술 • 이영현 ... 30
『나는 메트로폴리탄 미술관의 경비원입니다』, 패트릭 브링리

04 진정한 나를 찾아 떠나는 여행 • 이경하 ... 35
『모든 요일의 여행』, 김민철

05 그럼에도 불구하고, 우리는 옳다 • 고가연 ... 41
『당신이 옳다』, 정혜신

06 우울할 땐 고사리 • 구옥정 ... 46
『수학의 위로』, 마이클 프레임

07 세상을 유쾌하게 만드는 모든 이들에게 • 윤용한 ... 51
『알로하, 파!』, 강인송

08 삶이 흔들릴 때마다 책이 나를 안아 주었다 • 정은숙 ... 56
『이어령의 마지막 수업』, 김지수

09 마음 독립 선언: 세상 눈치로부터의 자유 • 위혜정 ... 62
『청춘의 독서』, 유시민

10 휴식의 철학: 어떻게 쉴 것인가? = 어떻게 살 것인가? • 황소리 ... 67
『이토록 멋진 휴식』, 존 피치, 맥스 프렌젤

2부 / 변화와 여정 – 낯선 나를 향한 용기 있는 걸음

01 두려운 길을 선택해도 괜찮아 • 오주화 75
『돈 말고 무엇을 갖고 있는가』, 정지우

02 이상과 현실 사이에 다리를 놓다 • 정민경 81
『달과 6펜스』, 서머싯 몸

03 지금 이 순간, 나답게 빛나다 • 김하나 87
『나로서 충분히 괜찮은 사람』, 김재식

04 아픔이 건강이 되다 • 김민경 92
『당신도 느리게 나이 들 수 있습니다』, 정희원

05 성장의 재미에 물든 하루 • 이호경 97
『행동력 수업』, 오현호

06 시련이라는 포장지에 싸인 선물 • 손유림 104
『빨강 머리 앤, 행복은 내 안에 있어』, 조유미

07 어른이라는 말의 의미 • 박연신 109
『어떤 어른이 되어야 하냐고 묻는 그대에게』, 홍세화

08 글쓰기로 오르는 또 다른 산 • 윤미경 120
『핑!』, 스튜어트 에이버리 골드

09 질문에도 생일이 있다 • 고은주 125
『묻는다는 것』, 정준희

10 내가 사랑하는 풍경 • 정송희 131
『좋아하는 걸 좋아하는 게 취미』, 김신지

다시, 책 속 한 줄의 힘

3부 / 관계와 울림 – 사람 사이에서 나를 발견하는 순간들

01 어른이 된다는 건 • 배정화 139
『너무 울지 말아라』, 우치다 린타로

02 당신의 성실함이 부끄러운가요? • 김진옥 144
『잘 될 수밖에 없는 너에게』, 최서영

03 엄마가 매일 성실한 이유는 • 김희영 149
『나는 다정한 관찰자가 되기로 했다』, 이은경

04 어른을 지켜보는 어린이가 있다 • 안나진 155
『어떤 어른』, 김소영

05 위선으로 지켜 내는 배려의 순간 • 안지은 160
『다정소감』, 김혼비

06 아름다운 실수 • 배수경 165
『내가 만일 인생을 다시 산다면』, 김혜남

07 다른 인생이 준 선물 • 김영미 170
『내가 생각한 인생이 아니야』, 류시화

08 더 늦기 전에 • 김혜경 175
『우리가 인생이라 부르는 것들』, 정재찬

09 아름다운 삶. 심미안으로 깊어지다 • 정현진 180
『아름.다움』, 윤여경

10 사랑이 답이다 • 양윤희 187
『모래알만 한 진실이라도』, 박완서

4부 / 글과 온기들 – 이야기를 나누며 서로를 따뜻하게 하는 글

01 읽는다는 건, 살아낸다는 것 • 김진수   195
『멘토』, 스펜서 존슨, 콘스턴스 존슨

02 천 원짜리 행복 • 성명주   204
『어른의 행복은 조용하다』, 태수

03 달리기와 쓰기가 내게 들려준 이야기 • 옥 샘   209
『부지런한 사랑』, 이슬아

04 단짠 단짠 글쓰기 • 권민경   215
『꽃을 보듯 너를 본다』, 나태주

05 매일 빛나고 있는 당신에게 • 장홍영   220
『당신의 꿈은 무엇입니까』, 김수영

06 사랑, 기록의 시작 • 정수진   225
『기록하기로 했습니다』, 김신지

07 글로 묶는 마음의 매듭 • 손미주   230
『마음 쓰는 밤』, 고수리

08 글쓰기의 바다에서 • 이현정   236
『노인과 바다』, 어니스트 헤밍웨이

09 감동을 주는 사람이 브랜드다 • 정다은   242
『내가 가진 것을 세상이 원하게 하라』, 최인아

10 멈출 수 있는 용기 • 변승현   247
『행복할 거야. 이래도 되나 싶을 정도로』, 일홍

11 나를 사랑한다는 것은 • 김정현   252
『리더의 용기』, 브레네 브라운

에필로그   260

1부

쉼과 마주침

나를 멈추고 바라보는 시간

책 속 한 줄의 힘

공혜진

01 주인공이 아니어도 돼

"그 순간 나우는 깨달았다. 하제가 마음을 연 건, 자신이 이내와 둘도 없는 친구였기 때문이란 사실을. 이내를 마음껏 얘기할 수 있고 이내를 공감할 수 있는 유일한 사람이니까….

좋아하면 안 되는 사람을 좋아했고, 그림자처럼 붙어 다니던 친구를 잃었다. 힘들어하는 사람 곁을 묵묵히 지키면서도, 단 한 번도 그 자리를 욕심내지 못했다."

-『셰이커』중에서, 이희영

우리의 삶이 한 편의 긴 이야기라면, 나는 과연 그 이야기 속의 주인공일까?

『셰이커』의 등장인물 나우는 이 소설의 주인공인 듯 보이지만, 절친 이내와 첫사랑 하제 사이에서 일생의 절반 이상을 조연으로 살았다. 그는 아무리 시간을 되돌려도 그 과거를 바꾸지 못했다.

많은 사람이 말한다. 인생의 주인공은 자기 자신이라고. 그러니 스스로 주인공이라 생각하고 인생을 개척하라고. 그런데 분명 내 인생임에도, 내가 주인공이 아니라고 느껴지는 초라한 순간이 분명 존

재한다. 내가 정말 이 이야기 속 주인공이 맞는 걸까. 그저 조연, 엑스트라일 뿐인 것은 아닐까.

　초등학생이었을 때 당시에는 '국민학교'였던 시절 반에 예쁘장한 친구가 있었다. 그 친구를 둘러싼 이야기가 많았는데, 아주 부자라느니 그래서 용돈이 벌써 얼마라느니 하는 내용이었다. 그런데 정작 그 친구는 자신에 대한 소문을 딱히 긍정도, 부정이나 해명도 하지 않았다. 왠지 모를 그런 성숙함과 신비함이 친구들을 더욱 불러 모았던 것 같다. 그 애와 그 주변 친구들에게서 반짝거리는 아우라를 느끼며 부러워했던 기억이 있다. 이것이 이야기라면, 나는 그 반의 단역 역할일 것이다.

　중학생이었을 때 내가 다녔던 종합 학원에는 키가 크고 공부도 꽤 잘하는 남학생이 있었다. 그 친구는 인기가 많아서 여러 여학생이 좋아하고 있다는 소문을 달고 다녔다. 지금처럼 유튜브를 보거나 게임을 할 수 있던 것도 아니어서 그런 시답잖은 이야기가 또래에게 거의 유일한 흥밋거리였다.

　어느 날, 같은 학원 다른 반이었던 여자애 중 한 명이 우리 반 문 앞에 섰다. 그 남자애를 좋아한다고 소문 난 여자애들 중 하나였다. 애들은 대놓고 수군거리기 시작했다. 그런데 그 여자애가 아무렇지 않게 말했다. "맞아. 나 ○○를 좋아해." 그 발언으로 반 전체가 술렁

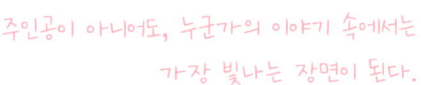 

> 주인공이 아니어도, 누군가의 이야기 속에서는
> 가장 빛나는 장면이 된다.

였다. 그리고 나에게도 적잖이 충격이었다. 저렇게나 당당하게, 그것도 여자애가 누굴 좋아한다고 서슴없이 말하다니. 지금과는 시대상이 많이 달랐다. 하지만 현재에도 이토록 당당하고 솔직한 여성은 여전히 멋있게 생각한다. 그 순간 그 여자애와 남자애는 반짝 빛이 났고, 난 그저 그들만의 청춘 영화 속 배경일 뿐이었다. 이것이 이야기라면 주인공은 확실히 그 두 명일 것이고, 나는 그 반에서 그저 놀란 얼굴을 한 단역일 것이다.

2년 차 교사였을 때. 학교에 후배 선생님들이 발령받아 오셨는데, 여러 선생님 중 한 분이 그렇게 파릇파릇할 수가 없었다. 성격은 또 어찌나 싹싹한지. 선배님들, 동료들 너 나 할 것 없이 칭찬 일색이었다. 그 선생님은 성실하면서도 유능했고, 사람들과의 관계도 좋았다. 내가 가지고 있지 않은 그 분의 좋은 점들이 마냥 부러웠다. 그 학교를 배경으로 이야기를 만든다면 그 선생님이 반짝이는 주인공, 나는 동료 조연일 것이다.

나 자신이 조연 또는 단역인 순간을 수없이 느끼며 계속 생각했다. 만약 이게 이야기라면 저 사람이 바로 주인공이겠지. 나는 또 주인공 옆 친구 역할인 것만 같아. 난 여기에서 또 엑스트라겠지. 그런데 대체 왜? 왜 내 삶인데 내가 주인공이지 못한 거지?

사람은 누구나 자신의 인생에서 빛나는 주인공이길 원하지만, 내가 선망하는 바와는 달리 현실은 냉혹했다. 마음을 고쳐먹으려고도 해

보았다. 내가 마음먹은 대로, 얼마든지 주인공으로서 나의 이야기를 써 내려갈 수도 있다고 생각했다. 그런데 나의 인생, 나의 삶임에도 그 이야기 속 주인공이 항상 나일 수는 없음을 이제는 받아들인다.

내가 좋아하는 범죄 스릴러 소설 중 『모든 것을 기억하는 남자』라는 작품이 있다. '에이머스 데커'라는 주인공을 중심으로 사건을 해결하는 시리즈이다. 처음에는 이 주인공이 독특한 능력을 갖게 되기까지 벌어진 일에 안타까워하고 공감하며 몰입했었다. 사건을 풀어나가며 범인을 잡는 과정도 재미있었지만, 무너지지 않고 새 인생을 시작하는 주인공을 보며 감동하기도, 동기 부여가 되기도 하고 심지어 부러워하기도 했다.

그러다 다른 등장인물이 점차 눈에 들어왔다. '알렉스 재미슨'이라는 인물이다. 1편에서 주인공 데커에게 다소 빌런 같은 행동도 하던 그 여자는 처음엔 그저 조연 중 하나로만 여겨졌다. 하지만 다음 편이 나올수록 알렉스는 어느덧 주인공의 파트너로서 주연의 반열에 오른다. 그녀는 이제 데커에게 없어서는 안 될 중요한 인물이고, 이야기에 재미를 더해 주는 핵심 인물이다.

그런 그녀를 보며 『셰이커』의 나우를 생각한다. 나우는 자기 삶에서 조연이었을지언정 이내와 하제에게 아주 소중한 친구였다. 독자들에게는 자신의 인생 단면을 돌아보며 공감을 일으키는 중요한 인물이다. 그리고 독자들이 읽은 이야기는 끝났지만, 나우는 '지금'부터 비로소 자기 이야기를 만들어 가는 출발선에 서 있다.

   난 한때 절실하게 주인공이고 싶어 했다. 이제는 내가 주변 사람들을 더욱 밝게 비춰 줄 수도, 그들에게 영향을 줄 수도 있는 소중한 존재임을 안다. 그러니 주인공이 아니어도 괜찮다. 나의 이야기에서 설령 내가 주인공이 아니더라도, 나름 꼭 필요한 존재일 테니.

주인공에게 꼭 필요한, 다정한 조연들을 소개합니다.

1. 『모든 것을 기억하는 남자』를 비롯한 에이머스 데커 시리즈, 데이비드 발다치 지음
   - 데커의 파트너인 알렉스 재미슨은 다정하고 사랑스러운 활약으로 어느덧 이야기의 주연이 됩니다.

2. 『신더』 시리즈 중 두 번째 『스칼렛』, 마리사 마이어 지음
   - 동화를 영리하게 차용한 『신더』 시리즈의 스칼렛(규범 표기는 '스칼릿'이지만 책 제목에 따름)은 주인공의 단순한 조력자가 아닌, 적극적으로 사랑을 쟁취하고 악당에게 맞서는 인물입니다.

3. 『마이 블러드』, 어맨다 호킹 지음
   - 두 남녀 주인공을 연결해 주는 역할을 할 것만 같던 잭은 자신에게 주어진 운명을 거슬러 여자 주인공과의 사랑을 이루어 냅니다.

김지은

02 슬픔이 있어 더 아름다운

"슬픔이 너무 커서 세상에 대해 원망만 가득했던 마음이 찬란한 가을 햇살 속에서 맞닥뜨리는 어떤 풍경들에 황홀함으로 물드는 걸 느낄 때마다 나는 아름다움은 어쩌면 삶을 닮은 것일지도 모르겠다는 생각을 한다. 아름다움은 도처에서 저마다의 빛을 품은 채 자라고 있다."

— 『아주 오랜만에 행복하다는 느낌』 중에서, 백수린

"너희 엄마가 좀 이상하다."

아빠에게서 전화가 왔다. 몇 시간 전부터 엄마가 발음이 어눌해지고 움직임이 둔해졌다는 것이다.

"아빠, 지금 당장 119에 연락해서 병원에 가야 해요. 얼른요."

자식들이 모두 타지에서 살고 있는 탓에 노부부는 황급히 119를 불러 구급차를 타고 병원으로 향했다. 자식들은 엄마의 검사가 끝난 후에야 병원에 도착할 수 있었다. 진단명은 뇌경색이었다.

그 이후의 날들은 울었고, 멍해졌고, 원망했고, 또 정보를 찾아보며 지냈다. 그러다가도 불현 듯 '오늘은 뭐 먹지?' 같은 사소한 생각이 스쳐가는 날들의 반복이었다. 평일에는 조퇴를 내어 병원으로 면

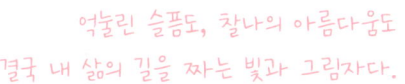

억눌린 슬픔도, 찰나의 아름다움도
결국 내 삶의 길을 짜는 빛과 그림자다.

회 가고, 주말에는 엄마가 입원한 병원과 아빠가 혼자 계신 친정을 오가는 생활이 시작되었다.

  이미 내 자식의 보호자인 나는 내 부모의 보호자도 되어, 이중 보호자의 삶을 살게 되었다. 그러면서도 내 일상이 무너지지 않기를 바라서 오히려 예전보다 더 열심히 살아보려고 했다. 이겨내야 한다는 절박함과 이겨낼 수 있다는 결연함으로 이 꽉 물고 묵묵히 버텼다.

  하지만 병원에서 집으로 돌아오는 차 안, 화려한 야경을 바라보다가 눈물보가 터졌다. 나라도 건강을 챙겨야겠다고 올라가지도 않는 허벅지를 억지로 들어 스트레칭을 하다가 거울 속 내 모습을 마주친 순간, 주저앉아 엉엉 울었다. 병원에서 나와 지하철로 향하는 길, 한낮의 뜨거운 햇살 아래 아무도 없는 푸른 논길을 걸으며 대성통곡을 했다. 꿋꿋이 일상을 지켜내는 듯했지만 속으로 꾹꾹 눌러놓은 슬픔은 아름다운 풍경 속에서 터져 나왔다.

  삶은 결국 감정으로 짜여진 길이었다. 우리는 그 길을 걸으며 웃고 울고 멈춰 서기도 한다. 서로 다른 감정들은 섞여 풍경을 만들어내고 우리는 그 감정의 풍경 속을 걸어가게 된다. 그 길에서 아름다움은 찰나의 순간 속에 있었다. 몽환적인 밤의 불빛이 유리창에 반사되는 순간, 이런 상황에서도 운동을 하겠다며 낑낑대며 스트레칭을 하는 순간, 아무도 없는 푸른 논길을 걷는 순간처럼.

　이 아름다운 순간들은 길지 않다는 것을 알기에 더 슬펐다. 어쩌면 다시 오지 않을 순간임을 알기에 더 슬퍼지는 것일지도 모르겠다. 그러나 그 슬픔을 마주하는 순간, 역설적으로 그것이 우리가 잘 살아왔다는 증거임을 깨닫게 된다. 슬픔 속에서 우리는 자신에게 가장 솔직해지기 때문이다. 그래서 나는 아름다운 풍경 속에서 속내를 드러내며 한없이 슬퍼할 수 있었던 것 같다.

　이렇게 슬픔을 쏟아낸 뒤엔 이유 없는 헛헛한 웃음이 불현듯 나오기도 한다. 그러다 문득 내 곁을 스쳐 지나가는 참새 한 마리나 마음을 녹이는 따뜻한 햇살에 몰두해 있는 나를 발견하곤 했다. 백수린 작가가 말한 것처럼 슬픔이 너무 커서 세상에 대해 원망만 가득했던 마음은 어느 순간 눈앞에 맞닥뜨린 풍경들의 황홀함으로 물들어 버렸다. 나는 아름다운 풍경 속에서 내 슬픔을 내어놓고 그것을 황홀한 기쁨으로 바꾸어 갈 수 있었다. 그리고 그 기쁨에 잠시 몰두하는 사이, 삶이라는 길 위에서 불쑥불쑥 행복하다고 느꼈다.

　그러나 마음 한편에서는 '그러면 안 된다'라는 생각이 고개를 들었다. 이 상황에서 겨우 이런 것에 마음을 빼앗기다니, 이건 진짜 행복은 아니라고 생각했다. 행복해서는 안 된다고 스스로 다그쳤다. 그러다 우연히 가방 속에 무심코 넣어둔 책 『아주 오랜만에 행복하다는 느낌』을 펼쳤다. 그 책은 그것이 행복이 아니라고 애써 외면했던 내

02 슬픔이 있어 더 아름다운 김지은

*슬픔을 지나 알게 된 행복은,
소박한 풍경 속에 숨어 있던 삶의 진짜 얼굴이었다.*

게 행복은 그래도 된다고, 그것이 바로 행복이라고 속삭였다.

행복은 특별하거나 대단한 것이 아니었다. 오히려 소박하고 평범한 것들이 쌓여 만들어지는 풍경이었다. 모든 것이 완벽해서가 아니라 지금 이대로도 괜찮다고 느낄 때, 아직 해볼 만하다고 느낄 때 고요한 행복이 살며시 다가왔다. 슬픔이 있어 알게 된 더 아름다운 삶이었다.

상황은 여전히 달라지지 않았다. 매일매일 해결해야 할 일이 생기고 나는 여전히 보호자의 삶을 살고 있다. 그렇지만 나를 황홀하게 하는 풍경 속에서 나는 오랜만에 문득문득 행복하다고 느꼈다.

지금 나는, 분명 행복하다고 말할 수 있을 것 같다.

행복이란 게 뭘까 생각해 보게 하는 책

『오지게 재밌게 나이듦』, 김재환 지음
- 행복이 뭘까요? 나이 들어서도 설렘과 유쾌함을 지니며 사는 삶은 어떨까요? 눈물 콧물 다 쏟는 유쾌한 행복 책입니다. 삶이 그대를 속일지라도 슬퍼하거나 노하지 마라, 괴로운 날들을 참고 견디면 기쁨의 날이 오리니. 푸시킨의 시에서도 알 수 있잖아요.

이영현

03 삶이라는 예술

"그 주변으로는 그녀의 성스러운 옛말에서 성스럽다(Sacred)라는 단어의 의미는 '분리되어 있는'이었다. 아름다움과 지루하고 평범한 세속의 영역을 분리하는 액자가 둘러져 있다. 때때로 우리에게는 멈춰 서서 무언가를 흠모할 명분이 필요하다. 예술 작품은 바로 그것을 허락한다."

– 『나는 메트로폴리탄 미술관의 경비원입니다』 중에서. 패트릭 브링리

아침 5시, 눈 뜨자마자 운동복으로 갈아입고 현관문을 나선다. 밤 동안 수천 번의 들숨과 날숨으로 쌓여 있던 내 안의 공기를 뱉어 낸다. 부지런한 새들은 각자의 목소리를 다듬느라 수풀마다 분주하고, 어르신들이 대부분인 시골 마을 집들에는 이미 전등이 켜지고 있다.

[사진 1-1] 푸른 바다

그 틈 사이로 걸음을 내디딘다. 고요한 새벽 푸름으로 들어선다. 한강 작가가 『바람이 분다, 가라』에서 표현한 '고요한 푸른빛, 피와 뼈까지 파랗게 배어드는 서늘한' 시간이다. 고요 속에 걷노라면 세상사 인간의 온갖 시름이 떠올랐다 사라지

기를 반복한다. 드디어 나의 바다. 걸음을 멈추어 인사하는 나의 풍경, 내 일상의 예술을 만난다.

  빠르게 흘러가는 시간 속, 우리는 얼마나 많은 장면을 무심코 흘려보내고 있을까?

  수업 시간 중 친구들의 모든 말에 참견하고, 설명 도중 질문하고, 활동 중에는 혼잣말로 중얼대는 아이가 있다. 어르고 달랬다가, 혼냈다가, 일부러 칭찬도 크게 해 보았다가 온갖 수를 써도 그 아이의 말하기 본능을 잠재울 수가 없었다. 도저히 안 되겠다 싶어 방과 후 개별 상담을 했다. 이런저런 이야기를 나누다가 아이의 가정생활에 대해 듣게 되었다. 엄마는 오후 5시부터 가게 운영하러 나가시고, 아빠는 늦게 퇴근하셔서 여섯 살인 남동생과 단둘이 있는 날이 대부분이었다. 동생과는 나이 차가 많이 나서, 대화는커녕 각자 다른 TV로 좋아하는 프로그램을 시청하다가 9시쯤 동생의 양치질을 챙긴 후 잠을 잔단다.

  아이의 저녁 일상을 들으며, 그 장면을 머릿속에 그려 보며, 나는 그만 눈물이 나서 더 이상 아무 말도 하지 못하고 안아 줄 수밖에 없었다. 대화가 없는 저녁, 말소리 대신 TV 소리로 채워진 시간, 아이와 어린 동생이 함께 잠드는 조용한 매일의 장면. 예술가들은 인간이 살아가는 이야기가 담긴 장면을 자신만의 방법으로 표현하기 위

 삶의 모든 장면은
멀리서 바라볼 때 하나의 그림이 된다.

해 노력하지 않았을까? 그 어떤 장면인들 성스럽지 않을 수 있겠는가? 혼자 활동하는 중에도 끊임없이 중얼대며 말하던 아이의 습관이 안쓰러워 꼭 안아 주었다. '나라도 너의 이야기를 더 많이 들어줄게' 가만히 속으로 다짐했다.

[사진 1-2] 금빛 바다

우리 모두 그런 장면을 하나씩은 가지고 있다. 한 발짝 멀어지면, 잠시 멈추어 바라보면, 삶의 모든 장면은 액자 속에 담긴 예술이 된다. 아침 운동을 놓친 날에는 저녁에 걷는다.

나의 바다, 이번에는 저녁의 분홍, 주황, 금빛으로 감탄을 부른다. 문득, 매일 만나 이야기 나누었지만 한 번도 본 적 없는 이의 일상을 그려본다.

청소기로 먼지를 빨아들이고,
화장실을 청소하고,
빨래를 개고,
장을 보고,
아이들을 픽업하는
당신의 모습을 본 적이 없어서

영화를 보듯
소설을 읽듯
상상하게 되는데

그런 장면들은 마침내
하나의 그림이 되어

전혀 예술적이지 않은 우리 삶의 평범한 일상들이
실은 얼마나 많은 신비와 아름다움으로 가득 차 있는지,

고단했던 오늘 나의 삶을
다정한 당신과 이야기 나누며 위로받는
고요한 예술 작품을

한참,

그려 보다 잠들었어.

그렇게 잠시 멈추면 시간은 액자에 담긴 그림이 되고, 세상의 모든 색이 그림에 물드는 아름다움으로 충만해진다. 나와 타인의 이야

기는 시가 되어 마음에 새겨진다. 하지만 마냥 오래 멈추어 감탄만 하고 있을 수는 없다. 다시 서둘러 한 발, 할 일이 가득 쌓인 집으로 돌아가는 걸음을 내디딘다. 그것이 살아서 이어지는 삶, 삶이라는 예술이다.

새로운 시각으로 예술 작품을 만날 수 있는 책

1. 『나는 메트로폴리탄 미술관의 경비원입니다』, 패트릭 브링리 지음
   - 원제 『All the Beauty in the World』 그대로 예술 작품뿐 아니라 인생을 바라보는 작가만의 시선이 감동을 주는 책입니다.

2. 『위로의 미술관』, 진병관 지음
   - '25명의 화가와 명화가 건네는 안온한 위로', 프랑스 공인 문화해설사 진병관 작가님이 들려주는 작품 이야기가 솔솔 피어나는 책입니다.

3. 『나의 뉴욕 수업』, 곽아람 지음
   - 취향이 공부가 되고, 공부가 인생으로 이어지는 '내가 되기를 공부한 시간'이 '호퍼의 도시, 뉴욕'을 배경으로 절절히 와닿는 책입니다.

이경하
04 진정한 나를 찾아 떠나는 여행

"여러분은 여행 좋아하세요?"

나는 이 질문만으로도 이미 입가에 미소가 번지기 시작하고 스스로를 설명하길 여행을 사랑하는 사람이라고 자신 있게 말할 수 있다. 중학교 1학년 때 내 생애 첫 해외여행을 떠났다. 여행 장소는 일본 도쿄로 4박 5일 일정의 패키지여행이었다. 그 당시 일본 편의점 문화와 맛있는 음식, 일본인들의 청결함과 친절함에 무한 감동을 받아 첫 여행에 대한 아주 좋은 기억을 간직하게 되었다.

교사가 되고 매년 방학은 물론이고 떠날 수 있는 작은 틈이라도 생기면 무조건 떠난다. 국내든 해외든 일단 떠나서 만나게 되는 모든 곳에서 보고, 즐기고, 맛보며 나의 시간들을 사진에 담는 모든 과정을 즐겁게 경험한다. 그동안의 경험이 쌓여 내 인생에서 가장 많은 시간과 돈을 투자한 분야가 여행이다.

그렇다면 내게 여행은 어떤 의미인가? 명리를 공부하는 지인은 내게 역마살이 있다고 하였고, 홀가분하게 떠나는 나의 모습이 부러운

여행은 도착지가 아니라,
떠나기로 결심한 순간 이미 시작된다.

친구들은 챙겨야 할 가족이 없기 때문이라고 한다. 또한, 누군가는 돈과 시간이 여유롭다고 말하고 교사라서 가능한 일이라는 말을 듣기도 한다.

나는 왜 방학 때마다 떠나기 위해 태어난 사람처럼 해외여행을 가고, 학기 중에도 끝없이 우리나라 도시들을 여행할까? 스스로 질문을 던지기도 여러 번. 나의 마음을 잘 표현한 김민철 작가의 『모든 요일의 여행』을 읽고 내게 여행이 어떤 의미인지 이해하게 되었다.

여행 초창기에는 타인들이 말하는 유명한 곳을 꼭 가보고 싶었다. 이 여행에 들인 시간과 돈이 아까워서 남들처럼 여행하기 바빴다. 도착한 도시에서 먹어야 할 음식, 가봐야 할 곳, 사야 할 것들을 검색한 후 그대로 따라 했다. 여행은 내게 밀린 미션처럼 그 속에서 남들을 좇는 여행을 하던 나는 여행을 온전히 즐기지 못했다. 이 도시에 다시 못 올 수 있다는 생각에 미련 없이 모든 걸 쏟아붓고 도시를 떠났다.

여행 경력이 쌓이며 패키지여행보다는 자유여행을, 그리고 꼭 누군가와 함께하는 여행만을 고집하지 않게 되었다. 자유여행을 준비하는 그 과정을 즐기게 되었고, 혼자만의 여행을 두려워하지 않게 되었다. 내게 여행은 준비하는 그 순간부터 시작된다. 더 정확히 말

하면 비행기표를 검색하는 그 순간, 항공료를 결제하는 그 타이밍에 이미 나는 낯선 곳으로 여행을 떠난다.

내 삶에서 여행은 어떤 존재인가? 왜 여행을 끝내고 집에 도착함과 동시에 또다시 떠날 도시를 검색하고 다음 여행을 준비하는가? 이에 대한 답을 찾게 되었다.

"그럼에도 불구하고 마치 다른 생 하나를 준비하는 것처럼 여행을 준비한다. 그럼에도 불구하고 매번 여행 때마다 여기서 살아보면 어떨까 꿈꾼다. 이 음식이, 이 햇살이, 이 공기가, 이 나른함이, 이 매혹이, 그러니까 마주치는 이 모든 것이 일상이 되면 어떨까 상상해 본다."

― 『모든 요일의 여행』 중에서, 김민철

내가 만약 한국이 아닌 내가 여행하는 도시의 사람으로 살아간다면 어떨까? 지금의 이 여행이 일상의 삶이 된다면 어떨까? 등등 여러 생각과 함께 도시를 서성인다.

어쩌면 내가 한국이 아닌 이곳에서 태어났다면 지금보다 더 여유롭고 행복한 사람이 되어 있지 않을까? 지금의 콤플렉스도 사랑하는 사람으로 성장하지 않았을까? 내가 좋아하는 사람들과 더 오랜 시간을 보내며 즐기는 삶을 살지 않았을까?

여행자로서 여행하는 도시의 일상에 스며들고 그들의 삶을 알아

도시와의 약속을 지키며 떠돌다 보면,
결국 내가 가장 깊이 사랑하게 되는 풍경은 내 안의 나였다.

가는 재미가 좋다. 여행 속에서 실수하고 서툴러도 즐겁게 받아들이고 해결해 나가는 나를 더 사랑하는 시간이 좋다. 무엇보다 우연히 마주친 풍경, 사람들, 작은 식당과 카페를 사랑하게 되었다. 그리고 이 여행이 좋다면 다음에 또 오면 된다는 생각을 하며 조급하게 일정을 소화하지도 않게 되었다. 다시 오겠다는 약속을 지키기 위해 많게는 10번이나 다시 방문한 도시도 있다. 그리고 나름 그곳에 단골집도 있다. 나만의 단골집이지만 그곳이 항상 나를 기다려 주는 느낌도 참 따뜻하다.

"좋아하는, 내가 좋아하는, 남들과 상관없이 내가 사랑하는, 바로 그것을 위해 여행을 떠나는 것, 어쩌면 그것을 찾는 것만으로도 남들과는 다른 여행의 출발선에 서게 될 것이다."

— 『모든 요일의 여행』 중에서, 김민철

결국, 나는 여행을 하며 진정한 나와 천천히 친해지는 과정을 보냈다. 그래서 여행을 다녀오면 여행 전보다 나 자신을 더 사랑하게 된다. 그리고 일상의 삶에서도 스스로에게 관대해진다. 어딘가 떠나기를 망설이고 있다면 떠날 용기를, 혼자 할 용기를, 낯선 곳에서 내가 모르는 나의 모습을 마주할 용기를 장착하길 바란다.

여행의 시간이 지나 일상으로 돌아오면, 나는 그곳에서의 추억이 문득문득 떠오른다. 길을 가다가도 밥을 먹다가도 친구와 대화 중에도 그곳의 시간과 공간들이 나를 간질간질 건드린다. 그럼 나는 어김없이 다음 여행을 계획한다. 다시 진정한 나를 찾아 떠날 준비를 하는 것만으로도 지금, 이 순간이 행복하다.

오늘도 나는 여행을 떠난다.

[사진 1-3] Porto, Portugal

글쓰기에 도움 되는 책

1. 『여행의 이유』, 김영하 지음
   - 소설가이자 에세이 작가인 김영하 작가가 여행을 대하는 태도가 엿보입니다. 이 책을 읽으면 자신이 여행을 좋아하는 진짜 이유를 찾을 수 있습니다.

2. 『모든 요일의 기록』, 김민철 지음
   - 카피라이터 출신 작가의 글은 간결합니다. 그리고 공감을 불러일으키는 짧은 호흡이 좋습니다. 하루의 기록을 남기는 데 어색한 사람들에게 작가의 화법은 도움이 됩니다.

고가연
05 그럼에도 불구하고, 우리는 옳다

웃고 있었지만, 내 안엔 늘 회색 구슬이 하나 있었다. 닦고 또 닦아도 지워지지 않는 잿빛 흔적. 따뜻한 밥을 먹고 아이를 안으며 웃고, 좋은 사람들과 대화를 나눴다. 그런데도 돌아서면 곧잘 헛헛해졌다. 가라앉았다.

'나만 이런 걸까?'

맑고 깨끗한 구슬이라면 좋았을 텐데…. 평범한 보통 날, 좋은 일이 가득했던 하루에도 회색 구슬은 내 안을 지켰다.

회색은 나와 어울리지 않다고 믿었다. 밝고 긍정적인 내가 되어야 한다고 매일 다짐했고 구슬의 존재를 외면했다. 그럴수록 구슬은 점점 커졌고 잿빛은 나를 집어삼켰다. 늦은 밤 식은땀을 흘리며 잠을 설쳤다. 편안히 숨을 쉴 수도, 먹을 수도 없었다. 목구멍을 조여 오는 불안과 우울이 온종일 나를 괴롭혔다.

이건 내가 아닌데, 이런 일은 겪고 싶지 않았는데. 그러나 나와 멀다고 여겼던 불면, 우울, 공황이라는 단어가 내 삶 위로 올라왔다.

"이 감정은 내가 원하는 게 아니야."

"노력하면 이 모든 걸 지워 버릴 수 있지 않을까?"

내 안에 스민 회색빛을 지우려 해도 지워지지 않았다. 괜찮은 척, 아무렇지 않은 척하면 그냥 지나갈 수 있을 거라 생각했다. 그렇게 하루이틀을 보내자 머리끝부터 발끝까지 온통 잿빛으로 가득 차 버렸다. 나는 나를 바라보았다.

"이제 나는 어떡하지?"

캄캄한 터널 속을 헤매며 버티던 어느 날, 나를 구원해 줄 문장을 만났다.

"감정은 병의 증상이 아니라 내 삶이나 존재의 내면을 알려주는 자연스러운 반응이다. 우울은 도저히 넘을 수 없을 것 같은 높고 단단한 벽 앞에 섰을 때 인간이 느끼는 감정 반응이다. 인간의 삶은 죽음이라는 벽, 하루는 24시간뿐이라는 시간의 절대적 한계라는 벽 앞에 있다. 인간의 삶은 벽 그 자체다. 그런 점에서 모든 인간은 본질적으로 우울한 존재다.

그러므로 우울은 질병이 아닌 삶의 보편적 바탕색이다. 병이 아니라 삶 그 자체라는 말이다."

― 『당신이 옳다』 중에서, 정혜신

"내 인생은 왜 이러지?"

"나는 왜 이것밖에 안 되는 걸까?"

매일 찾아오는 우울과 자책 속에서 허우적대고 있었다. 바둥대는

> 회색조차 나의 빛깔로 받아들였을 때,
> 비로소 나는 단단히 빛났다.

내 손에 '삶의 보편적 바탕색'이라는 구절이 걸렸다. 나는 삶의 색을 똑바로 바라보았다. 그리고 이 구절을 꽉 붙잡았다. 놓치지 않기 위해 안간힘을 썼다. 인간이기에 누구나 가지고 있는 '보편적 바탕색', 그건 내 안의 '회색 구슬'이었다.

어느 날, 회색 구슬이 조용히 말을 건넸다.
"오늘 기분이 어때?"
"힘든 일이 있었어?"
"그래, 쉬어 가도 괜찮아."

내가 대답했다.
"오늘 너무 지치고 힘들어."
"가끔 삶이 버겁고 괴로워."

회색 구슬과 이야기를 나눌수록 마음이 편안해졌다. 있는 그대로 나의 빛깔을 받아들이니 용기가 생겼다. '회색이어도 괜찮아', '어떤 색이라도, 그게 바로 나야' 있는 그대로 나를 바라볼 힘이 생겼다.

여전히 회색 구슬이 불편하다. 맑고 투명하게만 살고 싶다. 그러나 있는 그대로 나를 조용히 안아 주었을 때 삶은 분명 빛났다. 다양한 빛깔을 끌어안은 나를 더 사랑하게 되었다.

오늘도 내 안엔 회색 구슬이 함께한다.

유한한 삶 앞에 우리는 매일 크고 작은 좌절을 경험한다. 그럼에도 용기를 내어 한 걸음을 내디딘다. 사랑하는 사람을 잃고, 몸이 아프고, 버거운 하루 속에서 우리 자신을 잃지 않으려 애쓴다. 이것 또한 인생임을 알기에, 기꺼이 잿빛 세계를 껴안으려 한다.

더 밝은 사람, 더 긍정적인 사람이 되지 않아도 괜찮다.
나는 그냥 내가 되고 싶다.
회색을 품은 나, 흔들리는 나, 그대로의 나
그 삶이 바로 내 삶이다.
회색을 품고 살아가는 우리,
그럼에도 불구하고, 옳다.

있는 그대로 소중한 당신을 위한 책

1. 『오늘은 회색빛』, 로라 도크릴 지음, 로렌 차일드 그림
   - 새까만 밤하늘, 구름 속의 폭풍, 길 위의 웅덩이. 마음이 회색일 때, 우린 다시 밝은색을 찾고 싶어 합니다. 오늘은 회색빛이어도 괜찮아요. 이런 날도 저런 날도 있는 법이니까요. 우리 안에는 수많은 색이 있고, 회색은 그중 하나일 뿐이에요. 오늘도 회색빛인 소중한 당신과 함께 읽고 싶은 책입니다.

2. 『마이크로 리추얼: 사소한 것들의 힘』, 장재열 지음
   - 불안에 흔들리지 않고 내 속도를 지키며 살고 싶나요? 회복은 아주 사소한 것으로부터 일어난다는 것을 알게 해 준 책입니다. 작가는 말합니다. "선 하나 그을 힘이면 충분하다"라고. 나를 돌보는 아주 사소한 것들의 힘: 마이크로 리추얼로 당신의 삶에도 숨과 쉼이 함께하길 소망합니다.

구옥정

06 우울할 땐 고사리

"문 하나가 닫히면, 다른 문이 열린다."
"비탄의 자기 유사성은 작은 상실을 활용하여 더 큰 상실을 순응시키는 법을 배울 수 있음을 시사한다."

– 『수학의 위로』 중에서, 마이클 프레임

 소리 없이 피어난 고사리를 바라본다. 축축한 숲의 기슭, 안개가 얇게 내려앉은 돌무더기 틈 사이에서 초록의 정교한 패턴을 발견하면 꼭 시선이 머문다. 언제부터 좋아했는지 기억나지 않지만, 꽤 오래전부터 고사리의 형태에 마음이 끌렸다. 신혼집의 욕실 타일을 고를 때는 인테리어 사장님이 구하기 어렵다며 만류했음에도 반드시 내가 찾은 고사리무늬 타일로 시공해 달라 고집을 부렸다. 그렇게 원하는 대로 욕실을 꾸몄다. 지금도 반복되는 하루의 끝에서 고사리 타일을 보며 샤워하는 것이 소소한 기쁨이다. 몇 년 전에는 아파트 화단에서 자라난 고사리를 발견하고는 하염없이 바라보다 결국 캐서 집 안에 들였다.

> 고사리의 잎처럼, 바흐의 변주처럼, 우주의 확장처럼.
> 끝없이 이어지는 질서 속에서 순간의 나를 발견한다.

　소용돌이치듯 동그랗게 말린 잎 하나가 피어오르다 기지개 켜듯 둥그스름한 삼각형 몸을 펼친다. 줄기에서 잎맥이 갈라지고 그 끝에서 또 잎이 돋아나며 다시 그 끝에 같은 형태의 작은 잎이 자라는 양치식물. 자기 자신을 끝없이 닮아 가며 뻗어나가는 고사리의 잎에서 고생대부터 존재했을 억겁의 시간을 느낀다. 빠르지도 느리지도 않게, 고요하고 꾸준한 리듬으로 자라온 오래된 세계. 그리고 문득 깨닫는다. 찰나의 자신을.

　초등학교 시절, 학교 앞 피아노 학원에 다녔다. 바이엘에서 체르니를 거친 후 바흐의 인벤션을 만났을 때, 어린 귀에도 그 곡이 이전의 곡과는 다르다는 것을 느꼈다. 마치 왼손과 오른손의 대화 같았다. 감정이나 기교보다는 꾸준한 연습으로 도달해야 하는 질서. 내 손끝을 타고 흘러나오는 변주 속에서 내재한 소리의 무늬가 거울처럼 반사될 때 이해할 수 없는 기쁨을 느꼈다. 마치 소리로 짜인 미로를 걷는 듯했고 그 안에서 길을 잃는 것이 즐거웠다. 그리고 종종 바흐 같다고 느껴지는 어떤 것이 있었다. 예를 들자면 아이들의 말싸움이나 졸릴 때 그리게 되는 낙서. 그리고 지금도 무한히 팽창한다는 우주.

　우주가 계속 확장한다는 사실을 처음 알았을 때의 경외감을 잊지 못한다. 무한히 작고 뜨거운 점에서 시작된 폭발이 끝없이 공간을

넓혀가고 있다는 것. 그 순간 단순히 넓다고만 여겼던 우주는 점점 커지는 세계가 아니라 아스라이 멀어져 가는 세계로 다가왔다. 인간은 절대로 우주를 온전히 파악할 수 없구나. 모든 존재는 끝없이 서로 멀어지고 있겠지. 모든 것이 내게서 빠른 속도로 멀어지고 있는 것을 느끼면 그렇게 멀어지며 생기는 서로의 공간에 아득하게 음악이 흐른다고 생각했다. 그러면 우주의 광막함이 마음을 채운다. 내 안에 우주가 들어오는 것이다.

나에겐 생일마다 책을 추천해 주는 친구가 있다. 몇 해 전 그 친구에게서 마이클 프레임의 『수학의 위로』를 선물받았다. 백 프로 문과생인 나는 수학과 관련된 책은 거들떠보지도 않았다. 하지만 아름답게 피어난 고사리가 놓여 있는 표지를 보는 순간, 책장을 열기도 전에 이미 그 책을 사랑하게 되리라는 예감이 들었다. 실제로 책을 읽으며 내가 왜 그토록 고사리를 오래 바라보았는지, 왜 바흐에 매료되었는지, 왜 우주 다큐멘터리를 보면 마음이 편안해지는지 이해하게 되었다. 움베르토 에코와 보르헤스, 달리와 인터스텔라가 내가 그토록 사랑하는 고사리 속 프랙털과 맞닿아 있다는 걸 깨달았을 땐 숨이 멎었다. 그간 좋아하던 많은 것이 프랙털이라는 하나의 실로 꿰어지는 순간이었다.

『수학의 세계』에서 마이클 프레임은 세상을 기하학적으로 보는

*슬픔은 사라지지 않지만,
반복되는 무늬 속에서 우리는 또다시 피어난다.*

방법을 소개한다. 특히 비탄 또한 자기 유사성을 띠므로 작은 상실을 활용하여 더 큰 상실을 위로할 수 있다고 말한다. 그 특별한 시선을 배운 후 프랙털을 모르던 나의 세계는 닫혔다. 하지만 그 문 너머로 더 크고 더 섬세한 세계가 열렸다. 슬픔은 줄어들지 않는다. 다만 슬픔을 바라보는 시선이 조금 더 깊어질 뿐이다.

이따금 누군가의 눈을 오래 바라볼 때가 있다. 우주가 확장된다는 당연한 이치의 한 부분으로, 멀어지는 그 둥근 눈동자가 우주를 닮았다고 생각하면 위로가 된다. 나로서는 헤아릴 수 없지만, 깊고 복잡한 나선의 골짜기가 반복되는 나름의 우주를 바라보며 나와 그 사이의 거리를 달랜다.

우울할 땐 고사리를 본다. 무한히 반복되는 고사리 잎의 가장자리에 앉아 슬픔을 바라본다. 그건 슬픔을 지우는 일이 아니라 감정의 반복을 인정하는 일이다. 슬픔은 다시 올 테고, 또다시 무너질 테다. 하지만 그때도 나는 또다시 피어난다.

우리 모두 끝없이 반복되며 소멸하고 다시 태어나는 무한한 프랙털이자 마이크로코스모스다. 어쩌면 확장하는 나의 은하가 확장하는 당신의 은하와 겹칠 수도 있겠다. 그러니 우리는, 서로 이렇게 불완전하게 부서진 채로도 아름다울 수 있다.

기하학과 관련된 문학 작품들

1. 『이름 없는 자들의 도시』, 주제 사라마구 지음
   - 사라마구는 그의 작품에서 묘비들이 가지를 뻗은 나무처럼 배치되어 있다고 묘사합니다. 이 묘지의 프랙털 기하학은 실제로 스페인 수학자 후안 마누엘 가르시아-루이스가 사라마구에게 알려 주었다고 합니다.

2. 『픽션들, 보르헤스 전집 2』, 호르헤 루이스 보르헤스 지음
   - 이 책에 수록된 「원형의 폐허들」이나 「끝없이 두 갈래로 갈라지는 길이 있는 정원」은 단연코 프랙털 구조를 잘 보여 주는 대표적인 작품들입니다. 마이클 프레임은 기하학이 상실감을 이해하는 데 통찰을 제공할 수 있다고 말하며, 그 예로 보르헤스의 작품을 소개합니다.

3. 『장미의 이름』, 움베르토 에코 지음, 『희랍어 시간』, 한강 지음
   - 움베르토 에코는 작가이자 기호학자입니다. 움베르토 에코의 『장미의 이름』에는 호르헤라는 인물이 등장하는데 그가 시각장애인이자 도서관을 관리한다는 설정이 실제 작가 보르헤스와 닮아 있습니다. 에코는 보르헤스를 열렬히 존경했기에 그의 작품에 호르헤를 등장시켰고, 상징, 아이러니, 환상과 현실의 경계를 탐구하는 문학적 기법을 사용했습니다. 보르헤스는 많은 예술가에게 영향을 주었습니다. 대표적으로 크리스토퍼 놀란의 「인셉션」, 「인터스텔라」 등의 영화에서 프랙털 구조의 이야기와 영상미를 확인할 수 있습니다. 그뿐만 아니라 우리나라의 한강 작가도 보르헤스를 모티프로 『희랍어 시간』을 썼습니다. 시력을 잃어가는 남자와 말을 잃은 여자가 죽은 언어인 희랍어를 배우며 만나는 찰나의 이야기는 두 인물의 인생이 대칭되며 순환하는 기하학 구조로 볼 수 있으며, 비탄을 아름답게 위로하는 대표적 작품입니다.

윤용한

07 세상을 유쾌하게 만드는 모든 이들에게

"틀렸다면, 활짝 웃어 버리면 그만이에요."

— 『알로하, 파!』 중에서, 강인송

『알로하, 파!』는 외적인 성장보다 내적인 이완과 회복을 이야기하는 보기 드문 동화이다. 작가 강인송은 이 책을 통해 우리가 잊고 있었던 삶의 숨결, 실수와 흔들림마저 끌어안는 따뜻한 시선을 정성스럽게 펼쳐 보인다. 주인공 태양이의 이야기를 따라가다 보면 독자 역시 자신 안에 단단히 굳어 있던 무언가가 천천히 풀려나감을 느끼게 된다.

태양이는 '잘해야 한다', '틀리면 안 된다'라는 강박 속에서 살아가는 아이이다. 실수에 예민하고, 항상 정답을 찾아야 마음이 놓이는 태양이에게 세상은 경쟁의 연속이고, 그 속에서의 완벽함은 자신을 보호하는 유일한 방패처럼 여겨진다.

하와이 전통 춤 훌라는 그 자체로 태양이에게 충격이다. 사람들은 인사를 하며 "알로하!"를 외치고, 다정한 눈빛과 느긋한 걸음으로 삶

을 노래한다. 그들은 실수에 웃음으로 답하고, 무엇 하나 서두르지 않는다. 태양이가 살아온 세계와는 전혀 다른 리듬의 세계. 처음엔 태양이도 당황하고 거부감이 들지만 '훌라'라는 춤을 통해 그는 조금씩 그 세계에 몸을 맡기기 시작한다.

훌라를 배우는 과정은 단순한 춤 연습이 아니다. 틀리지 않으려 애쓰는 태양이에게 훌라는 말없이 새로운 세계관을 가르쳐 준다. 선생님은 동작이 틀렸다고 나무라지 않는다. 대신 다정한 목소리로 말한다. "틀렸다면, 활짝 웃어 버리면 그만이에요." 이 말은 그 자체로 태양이의 내면에 균열을 일으킨다. '틀림'을 실패가 아니라 자연스러운 과정으로 여기는 태도, 그 속에서 자신의 리듬을 찾고, 자신을 믿는 힘을 키워 나가는 방식. 태양이는 조금씩, 그러나 분명하게 변화한다.

이 책이 특별한 이유는 바로 이 점에 있다. 『알로하, 파!』는 변화와 성장을 이야기하지만, 그 방식이 단순한 성공이나 극복의 서사가 아니다. 오히려 책은 삶을 부드럽게 끌어안는 힘, 실수와 흔들림마저 나의 일부로 받아들이는 태도를 보여 준다. 그리고 그것이야말로 진정한 회복이며 성장이란 사실을 조용히 일깨운다.

훌라를 추는 사람들은 몸으로 말한다. 그들의 춤에는 정확한 정답이 없다. 대신 그 안에는 감정이 있고, 이야기가 있고, 삶이 있다. 태양이도 점점 춤 속에 자신을 담아내기 시작한다. 틀리는 것에 주눅

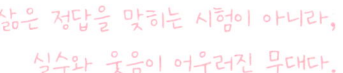

 들지 않고, 남과 비교하지 않고, 그저 지금 이 순간, 자기 몸이 말하는 언어에 귀 기울인다. 그렇게 그는 자기만의 리듬을 찾아간다.
 책의 말미에서 태양이는 더 이상 동작 하나하나에 얽매이지 않는다. 그는 웃으며 무대에 서고, 흔들리면서도 중심을 잡아간다. 완벽함에서 벗어난 그 춤은 어쩌면 지금까지 그가 살아온 삶에 대한 화답이자 선언처럼 보인다. "나는 실수해도 괜찮은 존재야. 그리고 그 실수 속에도 나만의 이야기가 있어."

 『알로하, 파!』는 우리에게 질문을 던진다. 우리는 얼마나 자주 완벽해야 한다는 생각에 사로잡혀 진짜 나의 감정과 몸짓을 숨기고 있었는가. 우리는 얼마나 자주 틀리지 않기 위해, 웃기보다는 움츠러드는 삶을 선택해 왔는가. 이 책은 그런 우리에게 손을 내밀고, 부드러운 목소리로 속삭인다. "괜찮아, 지금도 충분히 잘하고 있어. 너는 너의 리듬으로 춤추면 돼."
 이 이야기는 어린이만을 위한 것이 아니다. 삶 앞에서 여전히 실수를 두려워하고, 타인의 시선 앞에 긴장하며 살아가는 우리 모두를 위한 이야기이다. 책장을 덮으며 독자는 느낄 것이다. 삶은 정답을 맞히는 시험이 아니라, 실수와 웃음이 어우러진 무대라는 것을. 그리고 그 무대 위에서 나만의 리듬을 찾아 춤출 때, 우리는 비로소 진짜 '나답게' 살아갈 수 있다는 것을.

나는 이 책을 읽고 나서 조용히 속삭였다.

"알로하, 실수 많은 나. 알로하, 늘 흔들리는 하루. 그리고 알로하, 내일도 다시 웃으며 춤출 수 있는 용기에게."

『알로하, 파!』는 그 용기를 전해 주는 따뜻한 책이다. 그리고 그 따뜻함은 오래도록 가슴에 남는다.

세상을 유쾌하게 바라보는 당신의 그 유쾌함은 무엇입니까?

세상을 유쾌하게 만드는 책

1. 『괜찮아, 나도 그래』, 순천신흥중학교 북적북적 동아리 지음
   - 청소년들이 느끼는 감정과 생각을 있는 그대로 진솔하게 담아낸 작품입니다. 이 책은 '두렵다', '그립다', '하루가 길다'와 같은 일상의 감정에서부터 성장 과정에서 겪는 복잡한 내면의 고민까지, 다양한 감정의 결을 섬세하게 표현하고 있는 책입니다.

2. 『빅 마마 세상을 만들다』, 필리스 루트 지음
   - 이 책은 무겁거나 경건하지 않고, 마치 아이와 놀이하듯 세상을 만들어 가는 상상력 넘치는 이야기를 전합니다. 빅 마마는 산과 들, 강과 바다, 동물과 식물 등을 직접 빚고 색칠하며, 자신만의 방식으로 세상을 '키워' 냅니다. 독자들은 이 이야기를 통해 창조란 혼자 하는 위대한 행위가 아니라, 사랑과 놀이가 섞인 다정한 돌봄의 연장이라는 깨달음을 갖게 됩니다. 밝고 따뜻한 색감의 그림과 경쾌한 글은 어린이뿐 아니라 어른에게도 생명과 세계를 바라보는 새로운 시각을 선물합니다. 이 책은 '내 손으로 세상을 키워 나간다'라는 긍정적인 메시지로, 창의력과 따뜻한 가족애, 소소한 일상 속 기쁨을 느끼게 해 주는 작품입니다.

3. 『마법에 걸린 전화기』, 에리히 캐스트너 지음
   - 이 책은 일상 속 아이들의 호기심과 장난기를 담은 7편의 동시로 구성되어 있습니다. '마법에 걸린 전화기'를 타이틀로, 권투 챔피언이 되어 보거나, 풍선을 타고 아프리카로 날아가는 상상, 진공청소기와의 소동 같은 이야기들이 리듬감 있고 유머러스한 언어로 펼쳐집니다.
   페이지 수는 74쪽 정도로, 초등학교 3~4학년 어린이들도 부담 없이 즐길 수 있는 분량입니다. 캐스트너 특유의 따뜻하고 재치 있는 시선이 담긴 이 책은, 아이들에게 시적 호기심을 심어 주며 가볍고 즐겁게 '시'라는 장르를 접할 수 있는 좋은 입문서입니다.

정은숙

08 삶이 흔들릴 때마다 책이 나를 안아 주었다

　교사 생활을 시작하고 처음으로 몸과 마음에 병이 찾아왔다. 누군가 건드리기만 해도 눈물이 터져 나올 것 같은 날들의 연속이었다. 겉으로는 괜찮은 척 웃었지만, 속은 조금씩 병들어가고 있었다. 누군가에 의해 무기력하게 끌려가듯 아무것도 할 수 없어 학교를 쉬게 되었고, 그해 여름 갑상선암 진단을 받았다.

　수술 날짜를 잡고 난 후, 나는 오히려 덤덤했다. 학년을 마치지 못하고 병휴직에 들어온 것이 학생들에게 미안함으로 남아 있었는데, 이 모든 것이 내가 정할 수 있는 일이 아니라는 것을 깨달았다. 『연금술사』의 '마크툽'처럼, 어차피 그렇게 될 일이라고 생각하니 모든 것을 받아들일 수 있었다.

　그 시기에 읽은 김지수 작가의 『이어령의 마지막 수업』은 나를 깊이 위로했다. '울고 있는 내게 '왜 그리 슬피 우느냐?'라고 진지하게 물어 주는 이가, 그런 스승'이 그리웠다는 작가의 글이 나의 마음과 같았다. 책을 읽으며 내가 시련이라 여겼던 일들이 실은 시련이 아닐 수도 있다는 생각이 들었다. '내 것인 줄 알았으나 받은 모든 것이 선물이었다.'라는 이어령 교수님의 말씀에, 내가 겪은 고통조차 나에

게 중요한 것을 알려 주기 위해 찾아온 선물처럼 느껴졌다.

암 투병 중에도 글을 쓰며 살겠다는 교수님의 다짐은 내 안에 다시 잘 살아가고 싶은 희망을 불러왔다. 나는 책을 읽으며 교수님의 말씀을 놓치지 않으려고 수십 장의 인덱스를 붙여 가며 문장 하나하나 밑줄을 긋고 반복해 읽었다. '바보의 쓸모'에서 교수님이 성경에 나오는 돌아온 탕자 이야기를 하며 작가와 나눈 대화가 오래도록 마음에 남았다.

"너 존재했어?

너답게 세상에 존재했어?

너만의 이야기로 존재했어?"

― 『이어령의 마지막 수업』 중에서, 김지수

나는 항상 누군가의 인정을 받기 위해 남들과 비교하는 것에 너무 익숙했다는 것을 깨달았다. 학교에서는 좋은 선생님, 믿음직한 동료, 가정에서는 좋은 엄마와 아내가 되려고 애썼다. 나만의 기준보다는 상대적인 비교를 통해, 나의 만족에 부합하고 남들이 보기에도 괜찮아 보이는 것을 추구했다. 나답게 살고 싶으면서도 타인의 시선을 많이 의식했고, 그것이 내 삶에 더 큰 영향을 주었다.

잘하고 싶은 마음에, 부족한 나를 채우려고 남들의 방향과 속도를 달리기를 멈춘 자리에서 알게 되었다.
삶은 누군가의 인정이 아니라, 내 안의 충만함으로 완성된다는 것을.

보며 열심히 좇아가는 삶을 살았다. 열심히 산 덕분에 얻은 것도 많고 좋은 사람들도 만났기에 괜찮은 줄 알았다. 하지만 어떤 것은 밑 빠진 독에 물을 붓는 느낌처럼 해도 해도 채워지지 않는 허무함과 마주하기도 했다. 아프지 않았다면 여전히 나는 그 길 위에서 달리고 있을 것이다.

『이어령의 마지막 수업』을 읽고 나서야 비로소, 내 삶의 어디서부터 어긋났는지 알게 되었다. 삶은 누군가의 인정을 받기 위해 살아가는 것이 아니라, 자기 자신으로 살아가기 위한 여정이라는 것을. 바깥으로 향하던 시선을 거두고 내 안을 들여다보기 시작했다. 내가 좋아하는 것, 내가 원하는 삶의 모습, 나만의 기준을 세워 보기 시작했다. 남들이 하는 것을 그냥 따라 하는 것이 아니라, 나에게 필요한 것인지 다시 생각해 보았다. 그렇게 멈춰 서서 나를 바라보기 시작했다. 이때부터 내 마음에 부침이 일어날 때면, 삶에서 '잠시 멈춤'을 선택했다. 너무 급히 달려 삶에 중요한 것들을 빼놓고 가지 않기를 바라며.

시련을 겪으며 더 분명하게 알게 되었다. 남들의 인정만 좇는 삶이 얼마나 공허한 것인지. 완전히 타인의 시선에서 벗어나지 못했지만 이젠 멈출 줄 알고, 내 안의 충만함을 더 소중히 여긴다. '받은 모든 것이 선물'이라는 교수님의 말씀처럼 아픔은 내 삶의 지평선을 넓

혀준 선물이었다. 보이지 않던 세상을 바라보면서 학생들을 바라보는 내 마음도 조금 더 넓어지고 여유로워졌다.

　나는 여전히 '좋은 선생님'을 꿈꾼다. 하지만 기준이 달라졌다. 예전에는 학생, 학부모, 동료 교사의 인정이 기준이었다면, 이제는 내 안의 기준에서 출발한다. 학급 일로 문제가 생기거나 상담해야 할 일이 있을 때는 '잠시 멈춤'을 통해 객관적으로 상황을 바라본다. 예전이라면 '내가 잘못한 것인가?'라는 고민을 먼저 했을 텐데, 지금은 어떻게 일이 진행되었는지 살핀 후 내가 통제할 수 없는 영역일 경우에는 어쩔 수 없음을 받아들인다. 통제 가능한 영역에서는 최선을 다하고, 아닌 것은 받아들이는 자세를 갖게 되었다.

　수술과 휴직을 지나 학교로 돌아올 때 '복직이 과연 옳은 선택인가'에 대해 오래 고민했다. 내 안에서 조금 더 가르치고 싶은 마음이 올라왔다. 복직 후 학생들과 함께하는 시간 속에서 교사를 존중하며 배우는 학생들을 마주할 때, 나는 여전히 가르치며 배우는 이 삶에 설레고 있다는 것을 깨달았다. 물론, 하루하루가 늘 즐거운 것은 아니다. 학교의 일상은 날씨처럼 변화무쌍하기에, 즐거운 날은 더없이 기뻐하고, 힘들어 흔들리는 날은 스스로에게 괜찮은지 나로 잘 살아가고 있는지 묻고 있다.

    그렇게 하루하루 성실하게 살아내는 노력이, 삶의 고비마다 작지만 단단한 무늬를 남기고 있다고 믿는다. 그리고 나는 안다. 또다시 흔들릴 날이 오더라도, 책 속에서 나를 안아 줄 문장을 만날 수 있다는 것을.

"남의 신념대로 살지 마라.
 방황하라.
 길 잃은 양이 돼라."

- 『이어령의 마지막 수업』 중에서, 김지수

    흔들리며 살아도 괜찮다고 다독여 주는 책들과 함께, 나는 지금 여기에서 나답게 존재하려는 삶을 살아가고 있다.

나만의 기준을 갖고 살아가는 데 도움이 되는 책

1. 『데미안』, 헤르만 헤세 지음
   - 참된 자아를 찾아가는 소년 싱클레어가 운명처럼 만난 친구 데미안을 통해 세상의 굴레를 깨고, 자신의 길을 찾아가는 내면의 여정을 섬세하게 그린 소설입니다. 세상의 어둠과 빛 사이에서 방황하며 자신만의 길을 찾아가는 우리에게, '나에게 이르는 길'을 안내합니다.

2. 『연금술사』, 파울로 코엘료 지음
   - 양치기 소년 산티아고가 꿈에서 본 보물을 찾아 떠나는 여정을 그린 소설입니다. 삶의 고비마다 새로운 존재들과 지혜로운 가르침을 통해 산티아고는 진정한 보물이 외부에 있는 것이 아니라 자기 내면에 있음을 깨닫습니다. '자기 신화'를 찾아가는 모든 이에게, 마음의 소리를 따를 때 기적이 일어난다는 메시지를 줍니다.

3. 『여덟 단어』, 박웅현 지음
   - 인생을 대하는 우리의 자세를 여덟 단어로 소개하는 책입니다. 자존, 본질, 고전, 견 등 여덟 가지 키워드는 어떤 시련에도 '그럼에도 불구하고' 일어나 자기 자신을 귀하게 여기도록 이끌어 줍니다. 아모르 파티와 메멘토 모리의 정신을 통해 내일의 불안에 갇히지 않고 '지금, 여기'에서 삶을 뜨겁게 사랑할 용기를 불어넣어 줍니다.

위혜정

09 마음 독립 선언: 세상 눈치로부터의 자유

"우리는 세상을 위해서 태어나지 않았다. 세상에 살러 왔다. 원하는 삶을 옳다고 믿는 방식으로 살아가는 것만이 인생에 의미를 부여하는 유일한 길이다. 남의 눈치를 살피면서 남의 방식을 따라 살 필요는 없다. 얼마나 멋진 생각인가?"

- 『청춘의 독서』 중에서, 유시민

 2000년대 초반까지도 한국인들은 혈액형으로 사람들을 분석하고 정형화했다. 평생 자신의 혈액형이 무엇인지도 모르고 살아가는 외국인들이 기이하게 여겼던 한국만의 독특한 집단 문화였다. 이제, 혈액형을 묻던 시대는 지났다. 그 자리를 'MBTI'가 대체했다. 16가지 유형 안에 사람들을 집어넣고 서로를 이해하고 파악하는 데 에너지를 투여한다. 교실에서도 '혈액형이 뭐야?' 하는 질문에는 의아해하지만 'MBTI가 뭐야?'하고 물으면 학생들은 신나게 자기 유형에 대한 설명을 쏟아 놓는다. 80억 지구인들을 16개 유형 안에 압축할 수 있을 리 만무한데 말이다.

맞지 않는 특정 유형의 틈새를 메꾸기 위해 애니어그램이라는 도구까지 등장했다. 여기에 '테토녀', '에겐남'이라는 신개념의 남녀 유형 분류법도 생겼다. 새로운 이론은 언제나 신선하다. 대중의 자기 분석 욕구와 관심이 수많은 심리 도구의 성장과 쇠퇴를 견인한다. 문득, 의문이 든다. 사람의 손끝에서 탄생한 모델이 오류 없이 정확할까? 이해를 넘어서서 누군가를 고정된 틀에 가두려고 하는 것이 과연 정당할까?

'무질서도無秩序度'를 나타내는 엔트로피 Entropy는 언제나 증가하는 방향으로 흐른다고 한다. 시간이 지날수록 우주는 점점 더 카오스의 상태로 흘러간다. 즉 혼동과 무질서는 자연적 경향이다. 그런데 삶의 불확실성에 대해서는 불안의 시선으로 바라본다. 무엇이든 유형화하고 틀을 만들어 그 상자 안에 나를, 그리고 상대를 고정하여 초조함을 낮추려 한다. 때론 그것을 최선으로 생각한다. 기꺼이 주류의 삶에서 이탈되지 않으려는 고단함을 감내한다. 불확실성을 견디지 못하고 질서를 잡는 것, 인생을 예측하고 끼워 맞추는 과정은 어쩌면 자연의 순리를 거스르는 일일지도 모르는데 말이다.

남들이 짜 놓은 시간의 틀이 불편하기 시작한 것은 정상 범위를

---

1) 각각 테스토스테론(남성 호르몬) 여성과 에스트로겐(여성 호르몬) 남성을 뜻하는 단어. 최근 인터넷에서 화제가 되고 있는 신조어로, 인간의 성 호르몬에 따른 성격 유형 분류의 일종이다.

남의 틀에 부딪혀 쓰러지며 알았다.
내 삶을 흔드는 이는 남이 아니라 나 자신이었다.

벗어나고부터였다. 대학을 졸업하면 취업해야 했고, 일정 기간이 지나면 결혼해야 했다. 20대 중반, 회사를 잘 다니다 결혼 대신 사직을 선택했다. 교사가 되기 위해 공부를 다시 시작했다. 결혼이 늦어지니 주변에서 난리가 났다. 어떠한 소속도 없이 수험 생활을 하던 시절, 지위의 부재가 그렇게 처량할 수 없었다. 뒤늦게 교직에 들어선 이후로도 유쾌하지 않았던 20대의 기억은 한 번쯤 그때로 돌아가고 싶다는 생각조차 지워 냈다. 아프고 힘든 청춘이었다. 늦은 결혼을 하고 아이를 낳았지만, 하나를 낳고 나면 왜 둘을 낳지 않느냐는 질문을 받아야 했다.

정해진 범주 안에서 움직이지 않으면서 끊임없는 관심 내지는 근심이 돌고 돌았다. 틀 안에서 벗어난 이탈자인 나는 이야깃거리가 되기 충분한 소재였다. 툭 던지는 한마디에 걸려 넘어지는 정서의 탈진이 반복되었다. 어쩔 수 없었다. 다행히 사람들의 시선을 거슬러 걷는 시간이 축적되었다. 질척거리던 내면의 땅이 조금씩 단단해져 갔다. 아스팔트가 깔리면 좋으련만 모래밭 정도 다져진 듯싶다. 조심스레 꽂아둔 '마음 독립 선언' 깃발이 쓰러지지 않을 만큼의 단단함이랄까. 참 많은 시간을 들였다. 내 삶을 흔든 건 '남'이 아닌 '나'였음을 깨닫는 데까지.

증보 개정판 『청춘의 독서』에서 유시민 작가는 존 스튜어트 밀의

『자유론』을 추가 소개하고 있다. 자유론의 핵심은 '삶의 개별성'이다. 공리주의가 주장하는 '최대 다수의 최대 행복'이 여기서 나온다. 타인에게 부당한 해를 가하지 않는 한 각자 무엇을 어떻게 하든 허용해야 한다는 개념이다. 누군가의 생각과 행동을 제한하는 것은 정당하지 않다. 개별적인 자유와 책임을 인정하면 된다. 우리는 세상을 위해 태어난 것이 아니기 때문이다. 사실, 원해서 태어난 사람은 아무도 없다. 또한, 원하는 대로 되지 않는 것이 인생이다. 삶에 답이 없는 것이 정답이라더니 맞는 말이다.

그저 세상에 '살러' 왔다는 말이 위안이 된다. 숨을 쉬고 움직이고 존재하며 삶의 방식을 나름대로 택하면 되는 것이다. 아등바등 내 위치에서 어떻게 하는 것이 맞는 것인지, 어떻게 관습에 따라야 하는지에 매몰되지 말아야 한다. 남의 눈치를 보는 비본질의 노고에서 힘을 빼고 나는 무엇을 좋아하는지, 무엇이 내 성격과 기질에 맞는지를 묻고 선택하면 된다. 자유로운 결정과 책임을 남이 아닌 '내'가 지는 것이 삶을 아끼는 비결이기도 하다.

세상의 눈치를 보지 않고 자유롭게 살고 싶다. 외부의 소리와 말들로부터 '마음 독립 선언'을 하면 된다. 뒤따르는 유익이 있다. 바로 내 인생 좀 늦더라도, 좀 다르더라도 괜찮다는 토닥임이다. 늦깎이 인생, 나름대로 매력이 있다. 어차피 늦은 거, 여유를 부릴 수 있으니

늦게 피어나도, 활짝 피어나지 않아도,
눈에 띄지 않아도 꽃은 꽃이다.

속도를 내지 않아도 된다. 진정한 성공은 '조기 전문가'가 아니라 '늦깎이 제너럴리스트'라고까지 하는데, 좀 늦으면 어떠랴. 늦어도 피어나면 된다. 활짝 피어나지 않아도 괜찮다. 눈에 띄지 않더라도 꽃은 꽃이니까.

철학과 인문, 얇은 지식에 두께감을 살짝 넣고 싶을 때

1. 『소크라테스 익스프레스』, 에릭 와이너 지음
    - 아우렐리우스부터 몽테뉴까지 역사상 가장 위대한 14명의 철학자들을 만날 수 있습니다. 그들이 오랫동안 사유했던 삶에 대한 고민과 지혜를 개괄적으로, 그리고 압축적으로 들여다보며 삶의 지혜를 얻어 보세요.

2. 『월든』, 헨리 데이비드 소로 지음
    - 에머슨과 함께 미국 초월주의를 이끈 사상가 소로가 2년 2개월간 숲에서 홀로 살았던 기록입니다. 월든 호숫가 앞에서 직접 통나무집을 짓고, 손수 밭을 일구며 문명에서 벗어나 자급자족하는 자연인의 삶을 직접 살아낸 실천기를 만나 보세요. 그의 삶에 대한 태도와 통찰력, 그리고 멋진 필력을 감상할 수 있습니다.

황소리

10 휴식의 철학:
어떻게 쉴 것인가? = 어떻게 살 것인가?

"타임오프Time-Off는 당신의 내면을 좋은 에너지로 가득 채우기 위해 의식적으로 떼어놓은 시간이다. 단지 더 많은 일을 위한 쉼이 아니라 그 자체로 목적이 되는 고귀한 여가로 우리의 일을 보완하자."

– 『이토록 멋진 휴식』 중에서, 존 피치, 맥스 프렌젤

  나는 퇴근 후 여가 시간을 잘 보내고 있는 걸까?
  퇴근 후에도 일의 연장선상에 있는 이 느낌은 뭘까?
  출퇴근 가방이 너무 무겁다. 다 하지도 못할 일을 도대체 왜 집에 가지고 오는 거지?
  출퇴근 가방을 작은 걸로 바꾸자. 내일 할 일을 메모해서 컴퓨터에 붙여 놓고, 출근해서 제일 먼저 할 일을 책상 위에 올려놓는 것이 나의 퇴근 전 의식이 되었다. 분주한 일상에서 퇴근 후 나와 가족에 집중하고 싶은 나의 작은 노력이다. 하지만 마음이 조금 허하다. 시간이 지나도 눈에 보이는 내 시간의 결과물이 없는 느낌이다.

> 잃어버린 나를 되찾는 길은, 남는 시간이 아니라
> 내가 지켜낸 시간 속에 있었다.

나는 왜 여유 있는 시간이 주어졌을 때 뭘 해야 할지 모르는 걸까? 여유가 없던 인생 탓일까? 아니면 내가 뭘 좋아하는지조차 모르는 걸까?

20대는 내가 원하는 직업을 갖기 위해 공부에 투자한 8년의 세월이었다. 아침에 일어나서부터 잠들 때까지 나에게 공부 외의 다른 생각들은 시간 낭비로 여겨졌다.

30대는 결혼을 하고 아이를 낳고 양육의 시간을 보내며 나를 위한 시간 대신에 가족을 위한 시간을 더 우선시했던 것 같다. 내 아이와 가족을 위해 최선을 다했지만, 내 몸은 만신창이가 되어 있었다. 아이들이 어렸을 때 남편은 나를 위한 시간을 보내고 오라고 했지만 정작 나는 그 시간에 뭘 해야 할지 잘 몰랐다.

복직 후에는 학교 적응과 업무로 늘 쫓겼다. 끝내지 못한 일은 집으로 가져와 밤까지 이어갔다. "퇴근 후 다시 집으로 출근"이라는 말처럼 저녁에 가족과 3~4시간 정도 보내고 나면 하루는 너무 빨리 끝나 버렸다.

나를 위한 시간을 보내고 싶다는 욕구가 넘쳐났다. 첫째가 초등학교에 입학할 무렵, 나는 새벽에 일어나 내 시간을 지켜내려 애썼다. 온라인으로 만난 사람들과 함께 가계부를 쓰고 신문을 읽었으며, 책을 읽고 영어 공부도 했다. 유익하고 재미있어 보이는 프로그램을

가리지 않고 신청했고, 시간을 쪼개어 미션을 완수했다.

호기심과 배움의 욕구가 만나 문어발처럼 손을 뻗어 도전했지만, 3년 뒤 번아웃이 찾아왔다. 그제야 필요 없는 가지를 치고, 꼭 필요한 것부터 우선순위를 세워 일상을 다듬었다. 그러나 도전과 포기, 번아웃과 회복의 사이클은 계속 반복되었다. 나는 내가 멀티태스킹에 능한 줄 알았다. 바쁘게 사는 것이 곧 열심히 사는 것이라 믿었다. 하지만 이도 저도 아닌 듯한, 어딘가 불길한 기운이 마음 한편에 스며들곤 했다. 2020년을 시작으로 5년이 흐른 지금, 한 가지에만 집중했다면 눈에 보이는 성과가 있었을까? 아마 그랬을지도 모른다. 그러나 후회는 없다. 나는 호기심이 많고, 직접 부딪혀 봐야 알 수 있는 성격이다. 아마 다른 길을 선택했더라도 또 다른 아쉬움이 남았을 것이다.

그렇다면 나는 무엇을 좋아하는가?
어떤 순간에 가장 행복을 느끼는가?
이제는 퇴근 이후의 시간을 단순히 소모하는 것이 아니라, 나를 돌보는 생산적인 취미로 채우고 싶다. 여가를 계획하고, 그 시간을 통해 나를 더 단단하게 만들고 싶다. 그래서 『이토록 멋진 휴식』에서 제안하는 10가지 워라밸의 지혜 중, 내 삶에 적용해 보고 싶은 휴식의 철학을 하나씩 나눠 보고자 한다.

휴식은 멈춤이 아니라,
몰입의 방식이 바뀌는 또 다른 돌봄이다.

　일과 휴식을 구분하기 전에, 나는 먼저 일하는 방식부터 돌아본다. 일이 단순히 에너지를 소모하는 과정이 아니라, 몰입을 통해 나를 돌보는 시간이 될 수도 있기 때문이다. 그러나 우리는 늘 다급하다. 빨리 처리하고 싶은 마음에 여러 가지 일을 동시에 붙잡지만, 결국 집중은 흐트러지고 다시 마음을 모으기까지는 더 많은 시간이 든다. 그래서일까, 사람들은 이를 두고 '멀티태스킹 치매'라는 이름을 붙였다. 치매와는 상관없지만, 집중과 기억이 자꾸 흩어지는 모습이 닮아 있어서다.

　경제학자 팀 하포드는 TED 강연에서 '슬로우 모션 멀티태스킹'이라는 개념을 소개한 적이 있다. 한 주에 한 가지 일에만 몰두하다가, 다음 주에는 또 다른 일로 전환하는 방식이다. 동시에 여러 프로젝트를 진행하지만, 순간순간은 하나의 일에만 집중한다. 다급한 멀티태스킹이 아니라, 천천히 전환하며 깊이 몰입하는 멀티태스킹이라니. 일상의 작은 균형을 회복하는 열쇠 같았다.

　운동도 그렇다. 몸을 움직이면 피곤함보다 긍정적인 에너지가 차오르는 순간이 있다. 그래서 "우울할수록 몸을 움직이라"라는 말에 공감한다. 나 또한 머리가 복잡할 때는 일부러 걷는다. 때로는 숨이 가빠 생각이 끊길 만큼 몸을 몰아붙이고, 또 때로는 마음속 질문을 정리해 두고 조용히 걸으며 답을 찾는다. 『이토록 멋진 휴식』에서 말하는 지혜가 자연스레 내 생활 속으로 스며든다.

책 속에서 특히 마음에 남은 것은 '틈새 일기'라는 개념이다. 하나의 작업을 마치고 다음 작업으로 넘어가기 전에 기록을 남기면, 머릿속은 비워지고 새로운 일을 받아들일 공간이 생긴다. 돌아보니 나 역시 그런 방식을 오래전부터 실천해 왔다. 5년째 이어온 플래너에는 일주일을 42개의 블록, 하루를 6블록으로 나눈다. 점심 전 두 블록, 저녁 전 두 블록, 그리고 저녁 시간 두 블록. 시간에 끌려다니지 않고 내가 시간을 끌어가기 위해 중간에 할 일과 생각을 정리한다.

그런 나에게도 이제는 또 다른 질문이 생긴다. 단순히 일상에 여유를 두고 긍정적인 에너지를 채워 가는 것만으로 충분할까? 나는 그보다 더 깊고 지속적인 즐거움으로 여가를 키워가고 싶다. 음악을 좋아하는 나에게는 노래나 악기를 통해 작은 무대에 서 보는 경험이 의미 있을 것이다. 혹은 잠시 멈춰 둔 테니스를 다시 시작해 차근차근 실력을 다져가는 것도 좋겠다. 중요한 것은 무엇을 선택하든 '일상 속에서 기쁨을 확장하는 나만의 방식'을 찾아가는 일이다.

마흔 중반이 되어 보니, 눈앞의 성취보다는 즐겁고 오래도록 이어갈 수 있는 것들을 고민한다. 노년까지 나와 함께할 수 있는 휴식, 그리고 나를 오랫동안 단단히 지켜 줄 기쁨. 지금 이 순간에도 그 방법을 찾는 중이고 하나씩 시도해 가는 중이다.

칼같이 퇴근해 단순히 휴식 시간을 확보하는 것만으로는 워라밸

진정한 휴식은 일을 멈추는 시간이 아니라,
삶을 회복시키는 시간이다.

이라 할 수 없다. '자기 내면을 좋은 에너지로 채우는 의식적 휴식'을 삶의 중요한 축으로 인식할 때, 우리는 비로소 더 행복한 일상을 누리며 진정한 균형에 다가갈 수 있다. 너무 바쁘게만 살지 말고, 내가 좋아하는 취미 속에서 기쁨과 희열을 느끼며 몰입의 시간을 이어가자. 회복을 선물하는 휴식을 계획하고, 그 시간을 통해 스스로를 아끼고 사랑하자.

결국 "어떻게 쉴 것인가?"라는 물음은 "어떻게 살 것인가?"와 맞닿아 있다. 진정한 휴식은 단순히 일을 멈추는 시간이 아니다. 그것은 나를 회복시키고 채워 주는 의미 있는 시간이어야 한다. 그래야만 일과 삶이 서로를 보완하며, 한층 더 풍요로운 인생을 완성해 갈 수 있다.

좋은 휴식이 필요한 당신에게 건네는 책

『오티움, Otium』, 문요한 지음
- 오티움은 라틴어로 '내 영혼에 기쁨을 주는 능동적 여가 활동'을 의미합니다. 나를 재창조하는 능동적인 취미, 어른의 놀이, 내 영혼의 작은 기쁨을 느끼는 나만의 세계를 만드는 것, 자기 향상감을 느낄 수 있는 여가 활동 등으로 오티움을 정의합니다. 『이토록 멋진 휴식』이 휴식에 대한 철학을 깨닫는 데 도움을 주는 책이라면, 문요한 작가의 『오티움』은 좋은 휴식을 실천할 수 있도록 나만의 오티움을 찾는 데 실질적인 가이드를 제공해 주는 책입니다. 좋은 휴식을 고민하는 분들께 함께 추천드립니다.

2부

변화와 여정

낯선 나를 향한 용기 있는 걸음

책 속 한 줄의 힘

오주화

01 두려운 길을 선택해도 괜찮아

"아무리 고민해도 모르겠다면 더 두려운 쪽을 택한다. 내게 두렵다는 것은 거기에 내가 진정으로 더 원하는 것이 있다는 신호임을 거듭 확인해 왔기 때문이다."

— 『돈 말고 무엇을 갖고 있는가』 중에서, 정지우

고등학교에 진학하면서 부모님과 함께 지내던 집을 떠나 따로 살게 되었다. 유년 시절을 보냈던 고향에는 고등학교가 없었다. 또래 친구들과 동네 언니, 오빠들 모두 고등학생이 되면서 자연스럽게 독립했다. 처음에는 해방감을 느끼며 설렘으로 잠도 오지 않았다. 어머니의 잔소리와 아버지의 간섭에서 벗어나 친구들과 지낼 무지개 같은 세상을 상상했다. 낮이 지나면 밤이 오고, 따뜻한 봄 이후 혹독한 여름이 오듯, 아름답기만 했던 상상은 곧 두려운 미래로 바뀌었다. 1월에 설렘을 안고 교복 치수를 쟀고, 추운 2월에는 걱정을 안고 교복을 찾으러 갔다. 교복을 입는 순간 무서움과 불안이 찾아왔다. 고등학교 생활이 현실로 다가오며 두려움이 엄습했다. 입학 날짜는 다가오고 아무 일도 일어나지 않았지만 밤잠을 설쳤다.

바람을 걱정하다가 돛을 펴지 못하면,
배는 영원히 항해하지 못한다.

　중학교 시절까지는 세상이 햇살처럼 빛났지만, 고등학교 입학을 앞두고는 불안과 두려움이 나의 친구가 되었다. 초등학교 시절에는 담력을 시험해 보겠다며 담장에 올라 뛰어내리기도 하고, 나무에 오르며 용기를 자랑했던 나였는데 말이다. 새로운 공간에 들어가고 잘 모르는 사람들을 만나는 순간은 늘 어렵고 버거웠다. '돌다리도 두드려 보고 건너라'는 속담을 좋아하지 않았지만, 결정이 필요한 순간에 맹신하듯 활용했다. 심지어 돌다리를 너무 많이 두드려서 다리를 건너기 어려웠다. 행동은 느렸고 결정은 늘 미루어졌다. 낯선 것에 대한 두려움을 덜어내고자 했던 신중함이 오히려 독이 되어 돌아오곤 했다. 우유부단함과 느린 결정은 늘 후회를 남겼다.

　고등학교 입학 이후, 어른이 되어 가는 과정에서 선택의 순간이 많아졌다. 마음은 언제나 편안하고 익숙한 길을 택했고, 몸도 그 흐름을 따라갔다. 대학교도 조금 안전하게 입학할 수 있는 곳을 택했고, 친구들과 여행도 안전이 보장된 경우에만 참여했기에 해외여행은 제주도가 전부였다. 대학생 신분으로 부업을 선택할 때도 믿을 수 있는 공공기관만 신청했다. 머리와 마음은 이런 선택이 옳은지 끊임없이 의심했지만, 생활은 평안했다.
　안전하고 평안한 선택의 끝판왕은 직장을 결정하는 일이었다. 대학교 4학년이 되어 초등교사가 되기 위해 임용시험을 봐야 했다. 지

　도교수님은 경쟁률이 높고 도전적이지만 서울에서 시험을 보라고 권유하셨다. 큰 도시에서 지내야 배움의 기회도 많고, 성장할 수 있다고 말씀하셨다. 혹시 떨어지더라도 일 년은 인생에서 긴 시간이 아니라고, 어렵고 두려운 길이지만 추천한다고 하셨다. 당시 청주에 거주 중이던 나는 그 말씀이 쉽게 와닿지 않았다. 왜 굳이 힘든 길을 선택해야 하는지 이해할 수 없었다. 마음이 불편했다. 선택은 나의 몫이라고 생각하며 집에서 다니기 수월하고 경쟁률도 비교적 낮은 충북에서 시험을 봤다. 걱정했지만 시험에 합격했다. 합격 이후 운이 좋아 바로 발령을 받았다. 근무지는 음성군이었다. 상상과는 다른 직장 생활이었지만, 열심히 성실하게 다녔다. 나름 잘 적응했다.

　문제는 내가 다닌 지 일 년이 조금 지났을 때였다. 어느 날 문득, 고향도 시골이고 직장도 시골이라는 사실이 갑갑하게 느껴졌다. 시험을 다시 보고 싶었다. 어렵더라고 서울이나 경기도로 도전해 보고 싶었다. 교수님의 말씀을 듣지 않았던 과거의 내가 겁쟁이처럼 느껴졌다. 방학 때 도시로 발령받은 친구들을 만나 이야기를 나누다 보니, 내 상황이 더 만족스럽지 않았다. 지금은 재직 중에도 다른 지역으로 시험을 볼 수 있지만, 그때는 사직서를 내야만 응시할 수 있었다. 부모님께 고민을 털어 놓았다. 어머니는 조용히 말씀하셨다. 가정 형편을 고려해 참아 주기를 바라셨다. 언니는 대학원에 다니고 있었고, 동생도 대학생이어서 아버지의 월급만으로는 버겁다고 하

두려움 속으로 몸을 던질 때,
비로소 새로운 나를 만난다.

셨다. IMF 이후 대규모 구조조정이 있었던 시기였기에 그 말씀이 무겁게 다가왔다. '착한 둘째'가 되기로 했다. 임용시험 합격이 보장되지 않는 불확실한 미래보다 안정적인 현재를 선택했다. 이후 별다른 문제 없이 직장 생활을 이어갔다. 가끔 '그때 다른 결정을 했으면 어떠했을까?'라고 생각하기는 했지만, 쓸데없는 생각이라며 무시했다. 마음을 달랬다. 학교도 집도 심심했지만 괜찮았다.

잔잔한 호수에 돌을 던져 파동이 일어나는 선택을 하는 사건이 발생했다. 직장에서 몸과 마음이 지친 2017년이었다. 수영도 못 하고 물이 무서웠지만 스쿠버 다이빙 강습을 신청했다. 처음에는 겁 없이 참여했다. 우습게도 잠수 연습을 거듭할수록 물속에서 '죽을 수도 있겠다'는 생각이 들었다. 수면 아래로 내려가는 순간 자체가 두려움과 공포가 되었다. 실내 다이빙풀 5미터는 강사님의 안내로 겨우 하강을 해서 잠수로 바닥에 내려갔지만, 해양 실습 15미터는 상상조차 어려운 세계였다. 포기하고 싶었다. 훌륭한 강사님의 설득과 다이빙을 함께 시작한 언니들의 격려로 해양 실습 첫 관문은 넘을 수 있었다. 동해바다는 뼛속까지 시릴 정도로 차갑고 두려웠다. '다시는 안 하겠다'고 다짐했다.

한 달쯤 지나 이상한 결정을 내렸다. 언니들의 달콤한 동참 메시지와 강사님의 격려로 다시 스쿠버 다이빙에 도전했다. 이번에는 훈

련 단계도 높였다. 두려움에 지는 내가 싫었기 때문이었고, 이전과는 분명히 다른 사람이 되고 싶었다. 두 번째 해양 실습을 하며 만난 바다는 처음과 달랐다. 두려움을 안고 선택한 그 길 끝에는 전혀 다른 세상이 기다리고 있었다. 학교 업무로 인한 소진은 물속에서 잊혔고, 상상 속에서만 존재하던 바다 세상을 온몸으로 만났다. 동해바다는 더 이상 차갑지 않았다. 그러면서 스쿠버 다이빙을 잘하고 싶은 내 마음이 또렷이 보였다. 포기 대신 선택한 두려운 길에서 멋지고 근사한 나를 발견했다.

이후 선택의 갈림길에 섰을 때, 언제나 조금 더 어렵고 두려운 쪽으로 마음이 움직였다. 새로운 공간과 낯선 사람들이 여전히 어렵지만 조금씩 익숙해졌고 괜찮아졌다. 흐릿하고 심심했던 세상은 제 색을 되찾아 생생하게 다가왔다. 성장하는 교사 모임인 '자기경영노트'와의 만남도, 책 쓰기를 해야겠다는 생각도 모두 두려움을 안고 결정한 길 위의 연장선이었다. 그렇다. 두려운 길을 선택해도 괜찮았다. 실패도 있었지만, 아름다운 일상과 지금까지 발견하지 못했던 내가 그 속에 있었다. 일상에서 빛나는 삶을 만나고 성장하는 자신을 발견하고 싶은 당신에게 말해 주고 싶다.

"두려운 길을 선택해도 괜찮아."

두려움 극복에 도움이 되는 책

1. 『행복의 기원』, 서은국 지음
   - 이책은 진화심리학의 관점에서 인간의 행복을 설명합니다. 저자는 우리가 행복하기 위해 사는 것이 아니라, 살기 위해 행복해야 한다는 점을 강조합니다. 또한, 두려움은 생존의 필수 조건임을 설명하며, 일상 속에서 작은 행복의 순간들을 많이 발견해야 한다고 말합니다.

2. 『불변의 법칙』, 모건 하우절 지음
   - 세상에 대한 두려움은 자연스러운 것이며, 예측할 수 없음이 곧 삶의 진실임을 일깨워줍니다. 저자는 삶이 본래 쉽지 않다는 사실을 인정하면서, 약간의 부족함과 두려움조차 괜찮다고 말합니다. 그리고 세상을 바라보는 데 도움이 되는 23가지 법칙을 제시합니다.

정민경

02 이상과 현실 사이에 다리를 놓다

"인생 책이 뭔가요?"
"『달과 6펜스』가 떠오릅니다."
이렇게 말하는 순간, 나의 지적 허영이 고개를 든다.

10대 때, 우리 집 앞에는 비디오 가게가 있었다. 비디오테이프를 빌려주는 곳인데 장사가 잘 안되었는지 어느새 만화책을 비롯한 다양한 책을 빌려주기 시작했다. 중학생이었던 나는 종종 고전을 빌려 읽곤 했다. 만화책도 읽고 싶었을 텐데….

어느 날 『달과 6펜스』를 뽑아 들었다. 제목부터 뭔가 남다르다. 숫자가 들어가다니. 책 속에선 교훈을 찾는 거라 배웠기에 마치 위인전이라도 되는 양 주인공의 위대한 면을 찾았다. 자신의 천재적인 미술 능력을 펼치기 위해 은행원이란 직업도, 안정적인 가정도 다 버리고 떠나는 용기에 박수를 보냈다.

"캬, 그래 인생은 이렇게 사는 거야. 지루하게 집과 회사만 오갈 것이 아니라 떠나야 해. 평범함에서 벗어나는 인생, 얼마나 아름다운가!"

공부가 싫다며 용감하게 놀기만 하던 짝꿍이 위대해 보이던 시절

이었다. 해야 하는 공부보다 하고 싶은 놀기를 선택하는 삶. 나 역시 그런 마음이 한편에 자리했지만 늘 울타리를 크게 벗어나지 못했다. 그랬기에 만화가 아닌 고전을 봤었는지도.

　그렇게 나는 40대가 되었고, 우연히 이 책을 다시 읽게 되었다. 그리곤 깜짝 놀랐다.
　"아니, 세상에 이렇게 나쁜 남자였어? 자신의 인생을 위해 가정을 버리다니." 가정을 이루고 나니 무책임한 가장의 모습이 더 강렬하게 부각되어 보였다. 사람이 어떻게 하고 싶은 것을 다 하고 살겠는가. 해야 할 것을 먼저 하는 것, 그것이 진정한 용기이지 않을까?
　한편, 이 책은 폴 고갱과 같은 천재를 모델로 했다고 한다. 예술적인 본능, 그것을 거스르지 않았기에 지금의 우리가 강렬한 색채의 세계적인 작품을 감상할 수 있는 것이다. 그는 영감을 얻기 위해 떠나야 했나? 그나저나 나의 유튜브 알고리즘엔 왜 계속 '은퇴', '퇴사'라는 제목이 뜰까? 누가 40대를 불혹이라 했나? 이렇게 심히 흔들리거늘.

　"아빠 차 샀다."
　어느 날, 70세가 된 나의 아버지는 가족 카톡 방에 외제 차 사진을 올리셨다. 우리는 농담인 줄 알았다. 아빠께는 이미 자동차가 한 대

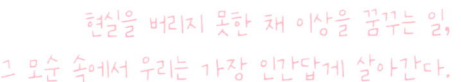

가 있었다. 봉고더블캡, 농사를 지으시는 아빠에게 없어서는 안 되는 차였다. 그 차를 두고 또 하나의 차를 사신 거다. 아주 잠깐 『달과 6펜스』의 '찰스 스트릭랜드'를 떠올렸다가 자동차 가격을 듣고 손사래를 쳤다.

"BMW가 1,000만 원?"

단돈 천만 원의 BMW는 괜찮을까? 아빠는 늘 우리에게 "후회 없이 너희 하고 싶은 거 다 하고 살아."라고 말씀해 주셨다. 당신께서도 하고 싶은 일을 선택하신 거다. 아빠 인생 70년 만에 아빠의 방법으로. 그나저나 엄마는 동의하셨을까? 40년을 훌쩍 넘은 시간을 빚어낸 부부답게 의연하셨다.

"아빠, 그 차 사지 마세요. 중고는 무슨, 제가 새 차 뽑아드릴게요."라는 말이 잠시 입 밖을 나오려다가 꿀꺽 넘어갔다. 열 배나 비싼 새 차 가격만이 머릿속을 빙글빙글 돌 뿐이다. 이럴 때 나는 찰스 스트릭랜드가 되어야 했다. 스물넷, 첫 발령을 받았을 때 아빠는 내게 새 차를 뽑아 주셨다. 참 흔쾌히 사 주셨는데…. 나는 그런 아빠의 십분의 일도 따라갈 수가 없다.

우리는 늘 이상과 현실 속에 고민하며 산다. 10대 때는 미래를 위해 현실쯤은 포기해야 하는 것이었다. 그래서 20대 때에 '카르페디엠', 지금을 살라는 말이 그렇게 좋았나 보다. 40대에 다시 만난

그, 찰스 스트릭랜드의 결정은 매우 극단적으로 보인다. 현실을 벗어나지 않은 채 이상과 조화를 이루며 살 수는 없었을까? 아무래도 내겐 예술가적인 면이 부족한가 보다.

"자기가 바라는 일을 한다는 것, 자기가 좋아하는 조건에서 마음 편히 산다는 것, 그것이 인생을 망치는 일일까? 그리고 연 수입 일만 파운드에 예쁜 아내를 얻은 저명한 외과의사가 되는 것이 성공인 것일까? 그것은 인생에 부여하는 의미, 사회로부터 받아들이는 요구, 그리고 개인의 권리를 어떻게 생각하느냐에 따라 저마다 다를 것이다."

- 『달과 6펜스』 중에서, 서머싯 몸

지금까지 늘 현실에 충실했다. 그러하기에 이상을 위해 현실을 벗어난 찰스 스트릭랜드를 동경했었는지 모른다. 그 아버지에 그 딸이라고. 우리는 현실에 충실한 부녀다. 실용성과 효율성에 쌍수를 드는 편이다. 그래, 이제는 좀 하고 싶은 대로 살면 안 될까? 일탈하기엔 용기가, 아니 천재성이 부족한가? 그래서 마음속에 '달과 6펜스'를 품기만 했나 보다.

BMW는 1인 2차를 만들었지만, 일과 분리된 삶을 살아갈 수 있는 시발점이 되었다고 생각한다. 6펜스는 너무 과하니 아빠는 1펜스로 달을 보신 거다. 연륜으로 지혜롭게 꿈을 이뤄 가심에 큰 박수를 보

내 드린다. 박수로 그치기엔 대한민국 장녀의 체면이 말이 아닌 것 같아 첫 보험료를 대신 내어 드렸다. 차 덕분에 아빠의 삶에 생기가 돋는 것 같다.

"와, 차를 오래 타도 허리가 안 아파."

"진짜 차가 조용하고 편해."

"그리고 자식들이 사 줬다고 했다."

아빠와 엄마가 아이처럼 편하다고, 좋다고 자꾸 말씀하신다. 그리고 동네 사람들한테는 자식들이 사준 거라고 말씀하셨단다. 아이코. 불효자는 눈물로 앞을 가린다. 이상은 그리 멀리에 있지 않다.

퇴사는 어려우니 해외 한 달 살기로, 주말여행으로, 동네 산책으로 오늘도 그렇게 일상에서 소소한 행복을 만들어 누리며 이상으로 가는 다리를 놓는 중이다.

이상과 현실 사이에 다리를 놓는 책

1. 『노인과 바다』, 어니스트 헤밍웨이 지음
   - 주인공 산티아고는 노쇠하고 실패한 어부지만, 여전히 위대한 고기를 낚는 꿈과 자존심을 품고 있습니다. 그는 바다에 나가는 걸 단순한 생계가 아니라 존엄성의 회복, 자기 존재의 증명으로 여깁니다. 거대한 고기를 낚는 데 성공하지만, 상어 떼에 모두 뜯기고 뼈만 남겨 돌아옵니다. 이렇게 참으로 냉혹한 현실에서도 꿈을 꾸는 멋진 노인을 만나 보시길 바랍니다.

2. 『자기 앞의 생』, 에밀 아자르 지음
   - 현실적으로 버거운 인생 속에서도 희망과 사랑을 좇는 인물들이 등장합니다. 이상이란 무엇인가를 묻는 따뜻하고 감동적인 이야기 속에, 우리가 외면하고 있는 사회적 약자들의 삶을 정직하게 마주하게 됩니다. 유머러스하면서도 철학적인 문장, 때로는 순수하며 이상적이고 때로는 가슴 시리도록 냉혹한 시선으로 세상을 바라보는 어린 소년을 만나 보시길 바랍니다.

김하나

03 지금 이 순간, 나답게 빛나다

하루가 다르게 자라는 아이 곁에는 늘 엄마인 내가 있었다. 나의 감각은 온전히 아이를 향해 있었고, 에너지의 대부분은 아이를 위한 일에 소진되었다. 아이를 보고 있으면 저절로 미소가 지어지고 행복했지만 몸과 마음은 조금씩 지쳐갔다. 엄마라는 이름 뒤에 숨은 나는 그림자처럼 어두워졌고, 존재는 점차 흐릿해졌다. 아이를 키우는 동안 나 자신이 점점 사라져 가는 듯한 불안과 위기감에 휩싸였다. 그 감정에서 벗어나고 싶은 마음은 마치 숨을 쉬고 싶다는 절실함과 같았다.

아이가 초등학교에 입학하고, 나는 드디어 결심했다. 이제 아이만 바라보는 삶이 아니라 나 자신을 위한 시간을 살아 보자. 하지만 막상 '나를 찾는 것'이 무엇을 의미하는지 어디서부터 어떻게 시작해야 하는지 알 수 없었다. 책을 다시 펼쳐 볼까, 뭔가 새로운 공부를 해 볼까, 아니면 미라클 모닝을 실천해 볼까? 이런저런 생각에 갈피를 잡지 못한 채 한참을 그 자리에서 맴돌기만 했다.

그러던 어느 날, 우연한 기회에 운동을 시작하게 되었다. 긴 육아

생존을 위해 시작한 운동은,
나를 되찾는 여정의 첫걸음이었다.

로 체력은 바닥났고, 여기저기 아픈 곳이 생기기 시작하면서 살기 위해 운동을 시작했다. 사실 운동은 나를 찾기 위한 의도적인 선택이 아니었다. 그저 생존 본능에 가까웠다. 처음에는 아이를 집에 두고 운동하러 나가는 것이 익숙하지 않아 방 안에서 유튜브 영상을 틀고 홈 트레이닝을 따라 했다. 그런데 어느새 아이가 방문을 열고 들어와 옆에 앉아 조잘거리기 시작했다. 오롯이 나만의 시간을 갖고 싶었던 나는 결국 결심했다. 밖으로 나가 보자고. 어떤 날은 필라테스를 배우러 갔고, 어떤 날은 동네를 한참 걸었다. 아이 곁을 잠시 떠나 나 자신에게 집중하는 운동 시간은 힐링의 시간이 되었다. 그렇게 운동이 일상이 되자 몸도 마음도 점점 가벼워지고 건강해졌다. 생존을 위해 시작했던 운동은 결과적으로 나를 찾아가는 여정의 출발점이 되었다.

운동을 하면서 몸에 조금씩 활기가 돌아오자 마음에도 여유가 생기기 시작했다. 그러자 문득 좋아하는 걸 하고 싶다는 생각이 들었다.

'맞아, 나는 원래 책을 좋아했지. 예전엔 나름 문학소녀였고, 책을 읽을 땐 세상이 멈춘 것 같았는데…'

아이를 위해 책 육아를 한다며 하루에도 열 권씩 책을 읽어 주던 열혈 엄마였다. 하지만 정작 나 자신을 위해 조용히 독서를 하는 시간은 거의 없었다. 아이가 좋아하는 책이 아닌 내가 좋아하는 책을

골라 매일 밤 조금씩 읽기 시작했다. 그렇게 독서는 조금씩 일상 속에 스며들었고 다행히도 한 문장, 한 문장이 마음속으로 들어오기 시작했다. 내가 좋아하는 것, 독서가 다시 내 생활에 들어오게 된 것이다.

운동하고 독서를 하면서 마음의 안정을 찾아갔지만, 나를 찾아가는 여정은 여전히 많은 고민을 동반했다. 그럴 때면 나만의 동굴이자 비밀 공간인 블로그에 들어가 글을 썼다. 마치 신세 한탄하듯 솔직한 마음을 쏟아내다 보면 뒤엉켜 있던 생각들이 하나둘 제자리를 찾아갔다. 물론 그런 글은 대부분 비공개였고 오직 나만 볼 수 있었다. 고민이 깊어질수록 비공개 글의 수는 늘어났지만, 시간이 흐르면서 공개 글도 하나둘 늘어 갔다. 어지럽던 마음이 차분해지자 글도 조금씩 경쾌해지고 가벼워졌다. 그리고 문득 누군가 내 글을 읽어도 괜찮을 것 같다는 마음이 들었다. 그렇게 혼자만의 세상에서 마음의 문을 조금씩 열기 시작했고, 글을 쓰는 일은 나를 발견하는 길이자 사람들과 소통하는 창이 되었다. 글을 쓰는 덕분에 마음에도 힘이 생기고, 내 일상에도 다시 활기가 돌기 시작했다.

운동하고 독서와 글쓰기를 하며 살아가는 나의 일상.
지극히 평범한 일상이지만 내가 좋아하는 것에 집중하며 살아가다 보니 더 이상 나를 찾아야 한다는 생각에 얽매이지 않게 되었다.

오늘은 가장 젊고 아름다운 날,
나는 그 속에서 매일 새롭게 태어난다.

미래에 대한 거창한 목표가 없어도 괜찮았다. 신기하게도 나를 찾아가는 여정은 단지 예전의 나를 되찾는 시간이 아니었다. 그 여정 속에서 나는 지금의 나, 더 단단해진 나, 전과는 다른 시선으로 세상을 바라보는 새로운 나를 발견하고 있었다.

흐릿해진 내 존재를 찾기 위해 애썼던 시간은, 어느새 마흔이 넘은 지금의 나를 사랑하게 되는 시간으로 바뀌어 있었다. 그저 내가 원하는 것을 하고 주어진 시간에 충실했을 뿐인데, 어느새 더 멋진 내가 되어 있었다.

어느 날, 화장대 거울에 작은 메모지를 붙였다.
'오늘이 가장 젊고 예쁜 날'
오늘이라는 가장 젊고 찬란한 시간을 무심히 흘려보내고 싶지 않았다. 이 문장을 마음에 새기며 화장도 더 정성스레 하게 되었고, 옷도 좀 더 신중히 골라 입게 되었다. 주름은 하나둘 늘고 몸도 예전처럼 탄탄하진 않지만 꾸준히 한 운동 덕분에 건강한 나를 마주할 수 있음에 감사했다.

나는 여전히 나를 찾아가는 중이다. 아니, 매일매일 새로운 나를 발견하고 있다. 내가 좋아하는 것을 하며, 오늘이라는 가장 젊고 아름다운 날을 충분히 누리는 것. 그 속에서 나는 매일 새롭게 태어나고 있다.

"내 마음의 소리에 귀 기울일 수 있고 나와 대화할 수 있으며 내가 원하는 것이 무엇인지 알고 있다면 그리고 그것들을 위한 작은 노력을 거듭하며 가치 있는 내 시간을 기꺼이 즐겁게 보낼 수 있다면 난 나에게 좋은 사람이 될 수 있어."

- 『나로서 충분히 괜찮은 사람』 중에서, 김재식

나를 발견하는데 힘을 주는 책

1. 『마흔 수업』, 김미경 지음
   - 엄마라는 이름 뒤에 숨겨졌던 나를 다시 바라보고, 매일 조금씩 나를 찾아가는 이 여정에 따뜻한 길잡이가 되어 준 책입니다. 마흔이라는 인생의 갈림길에서 진짜 '나답게' 살아가는 법을 깊고도 현실적으로 들려줍니다.

2. 『단 한 번의 삶』, 김영하 지음
   - 삶의 방향을 잃고 헤맬 때, '단 한 번뿐인 내 인생을 어떻게 살아야 할까'라는 물음이 깊어집니다. 김영하 작가의 『단 한 번의 삶』은 스스로의 삶을 주체적으로 살아가기 위한 통찰을 조용하지만 강하게 건넵니다. 나를 찾아가는 여정에 꼭 한번 함께하고 싶은 문장들이 가득한 책입니다.

김민경

04 아픔이 건강이 되다

    40대가 넘어가자 주변에서 아픈 사람들이 늘어난다. 여성에게는 주로 유방, 갑상선, 자궁에 신호가 온다. 직장 동료는 유방암 진단을 받아 2년 휴직을 하고, 친구는 갑상선암을 진단받았지만 여건이 되지 않아 한두 달 쉬고 직장에 복귀하는 모습을 지난 몇 년간 보아 왔다. 작년 내게도 신호가 왔다. 건강검진을 하러 갔더니 자궁에 모양이 안 좋은 게 있다며 바로 수술해야 한다고 했다. 중년 여성은 흔히 자궁에 근종이 생기고 천천히 지켜보는데 나의 경우는 달랐다. 수술하고 나서 조직검사 결과를 기다리는 날까지 두려움과 불안으로 힘들었다. 수술 결과를 듣는 날, 벼랑 끝에서 밧줄을 잡고 살려달라고 간절히 빌었다. 다행히 검사 결과는 암이 아니라 폴립이었다. 대장과 자궁에 폴립이 많이 생긴다고 하는데, 사실 나는 그때 처음 알았다.

    간단한 수술이었지만 몸은 바닥을 친 상태라 회복이 어려웠다. 입맛이 없고 걸을 때도 기운이 없었다. 살고 있는 지역에서 유명하다는 흑염소 즙이라도 먹어 보려 했으나 자궁에 폴립이 생긴 여성은 피하는 게 좋다고 했다. 한약, 홍삼도 조심해야 한다고 하여 먹지 않

> 몸을 돌보는 작은 실천이,
> 삶을 지탱하는 가장 큰 힘이 된다.

았다. 몸을 위해 무엇을 해야 하나 고민이 되는 나날이었다. 마침 중학교 친구가 생각났다. 친구는 건강 관리를 위해 코칭 프로그램을 하고 있었다. 식단과 운동을 배우면서 이미 변화가 확연히 나타난 상태였다. 그거라도 붙잡고 싶어 바로 시작하였다.

기본은 수면, 식단, 운동 관리다. 매일 양을 조절해서 음식을 먹고, 안 하던 근력 운동을 하고, 잠자는 시간을 지키는 것. 있는 대로 먹고 천천히 걷기 운동만 하던 터라 쉽지 않았다. 그러나 살기 위해 해야 했다. 남편과 떨어져 주말 부부를 하며 혼자 육아하는 상황이라 체력이 회복되지 않으면 나도 아이도 힘들어지기에 이를 꽉 물고 하나씩 했다. 추천해 주는 건강에 관한 책도 1주일에 1권씩 읽었다. 당 중독, 비만 중독, 저속 노화와 관련된 책 모두 수면, 운동, 식단 관리로 일맥상통하였다. 시간과 에너지가 꽤 들고 어려웠지만, 지금 하는 게 맞다는 확신으로 이어갔다.

수면은 몸을 회복하는 데 가장 우선이다. 최소 7시간 이상 잠을 자라고 한다. 초등학교 2학년 딸과 하루 리듬을 같이 하고 있어 10시 전에 자는 것이 수월했다. 취침 시간과 기상 시간을 점검하며 가능한 규칙적인 7시간을 유지하였다. 한 달 이상이 되어 가자 푹 자고 자연스럽게 알람 없이도 일어나는 날이 늘어났다. 가끔 약속이나 어쩔 수 없는 일정들로 12시를 넘어 자게 되면 여지없이 다음 날은 몸

이 힘들었다. 회복하기까지 하루이틀 걸리는 걸 보며 규칙적으로 수면 시간을 충분히 갖는 중요함을 깨닫는다.

식단 관리는 대대적인 변화가 필요했다. 아이를 낳고 별다른 관리 없이 8년이 지나 불어난 몸은 체중 감량이 절실했다. 스트레스를 받으면 달달한 과일이나 빵을 먹으며 당을 몸에 차곡차곡 쌓아 오고 있었다. 뱃살과 무거워진 몸은 기운을 떨어뜨리고 피로를 더 빨리 가져오는 악순환을 만들었다.

책에서도 코칭 프로그램에서도 식이섬유, 단백질, 복합 탄수화물 순서로 먹으라고 조언한다. 양 조절을 위해 한 끼 적정량을 저울로 확인하여 먹기 시작했다. 처음에는 저울로 재는 것이 번거로웠지만 몇 달 하고 나니 대략 감이 잡혔다. 채소부터 먹으니 속이 편하고 입맛이 달라진다. 맛을 느끼는 감각이 더 살아났다. 무뎌졌던 혀가 민감해져 그동안 먹었던 것들이 얼마나 자극적인 맛인지 알게 되었다. 씁쓸하던 채소가 담백해졌고 드레싱 없이 그냥 먹어도 편해지는 단계에 이르렀다. 순서만 바꿨지, 사실 먹는 양을 보면 다이어트를 하는 게 맞냐며 가족들이 놀란다. 더 놀라운 것은 시간이 지날수록 체중이 쭉쭉 빠져 먹으면서 빼는 신기한 식사 방법이다. 식단 관리를 해 갈수록 입맛도 몸도 가벼워져 요즘은 먹을 때 조절하는 여유가 생겼다. 또 천천히 먹고 선택하여 먹는 용기도 생겼다.

운동한 만큼 약했던 나는 사라지고
새로운 힘이 자라난다.

근력 운동은 새로운 도전이었다. 사실 아이를 낳고 유튜브를 보며 홈트를 했었지만, 꾸준히 이어가지 못했다. 운동을 조금 하다가 안 하니 몸은 더 살찌고 나이 들어 체력은 저 바다 끝에 내려앉았다. 지금 운동을 안 하면 50대, 60대가 되어서는 회복이 더 어려워질 거란 생각이 들었다. 스쿼트를 10개만 해도 숨이 헉헉거리고 다리가 부들부들 떨렸지만, 하루 운동량을 꼭 마무리했다. '해야지!' 하고 마음먹고 하면 몸은 따라왔다. 숨이 차고 힘들어도 그날 운동을 끝내고 나면 근육들이 자극받아 에너지가 차오른다. 몸에 있던 부기들이 점점 빠지고 조금씩 탄탄하게 변화되었다. 자연스레 근력 운동량이 늘어나 힘도 생겼다. 종종 뒹굴면서 쉬고 싶은 날이 있지만, 하루이틀 쉬면 계속 쉬고 싶고 체력도 다시 예전으로 돌아갈 거란 걸 이젠 안다. 그래서 그냥 한다. 감기 기운이 있어도 그냥 한다. 꾸준히 운동을 하다 보니 오려던 감기가 나도 모르게 사라진다. 환절기마다 감기를 달고 살았던 나에게는 큰 변화다.

"삶에 축적된 불균형, 끊임없는 스트레스와 내외부의 자극 때문에 휴식하지 못하는 우리, 수면 부족과 소진된 기력을 회복하는 치유의 시간, 내재 역량 포트폴리오를 견고하게 만드는 시간이 필요하다. 이 용기 있는 여정은 영원히 채워질 수 없는 자아의 갈증과 삶의 고통에서 벗어날 수 있는 안전한 길잡이가 되어 줄 것이다."

- 『당신도 느리게 나이 들 수 있습니다』 중에서, 정희원

　　스트레스와 피로를 쌓아오다 찾아온 병이 나를 돌보는 시작이 되었다. '잘 자고 잘 먹고 운동을 하면 건강하다'라고 모두가 머리로 알지만, 실천은 어렵다. 일상을 제대로 살고 싶은 간절함으로 수면, 식단, 운동을 하루하루 채워 간 오늘은 단단해졌다. 루틴으로 건강이 주는 에너지는 하고자 하는 것들을 할 수 있는 원동력이 되어 주고 있다.

　　몸이 들려주는 소리에 귀를 기울이니 몸은 정직하고 신비롭다는 것을 온전히 느낀다. 운동한 만큼, 무엇을 먹었느냐에 따라 그대로 변화한다. 지금의 작은 실천들이, 언젠가 할머니가 되었을 때도 평온한 하루를 만드는 즐거움으로 이어지기를 꿈꾼다.

건강에 도움이 되는 책

1. 『글루코스 혁명』, 제시 인차우스페 지음
   - 혈당 스파이크를 줄이는 식습관 변화로 건강, 체중, 에너지를 개선할 수 있는 방법을 알려 줍니다.

2. 『당질중독』, 마키타 젠지 지음
   - 당질에 대한 의존이 건강과 정신에 미치는 악영향을 알리며, 이를 끊고 건강을 되찾는 방법을 소개합니다.

이호경

05 성장의 재미에 물든 하루

"성장의 재미를 알게 되면 우리는 365일 매일 새로운 것을 도전하는 취미를 지니게 된다. 성취의 기쁨보다 더 큰 것이 바로 성장의 기쁨이다. 내가 어제보다 더 나은 사람이 되는 기분을 매일 느낄 수만 있다면 내일이 빨리 오기를 바라는 설레는 아이처럼 하루를 살아가게 된다."

— 『행동력 수업』 중에서, 오현호

잠시 시간이 멈춘 듯했다. 문장을 천천히 다시 읊어 보았다. 내가 애쓰며 살아온 많은 날이 주마등처럼 지나갔다. 내게 성장은 끝없는 숙제였고 도전은 남들이나 하는 대단한 일처럼 느껴졌다. 그런데 성장이 재미있고 도전을 취미로 할 수 있다니! 두 낱말이 이전보다 편안하고 친숙하게 다가왔다. 다시 설레는 하루를 살고 싶어졌다.

성장과 도전에 대한 문턱이 낮아지자, 내 삶에는 비로소 새로운 길이 열리기 시작했다. 그 길을 걷게 하는 두 개의 거대한 축이 있다. 하나는 독서와 글쓰기를 통해 내면의 뿌리를 단단히 내리게 한 '자기경영노트 이하 자경노'이고, 다른 하나는 배운 바를 삶으로 꽃피우는 실천 모임 '굳이 프로젝트'다.

앎이 뿌리라면, 행동은 꽃이고
글쓰기는 그 열매다.

자경노는 올해 만난 작은 기적이다. 이 모임이 이렇게까지 나를 변화시킬 줄 몰랐다. 독서와 글쓰기를 내 일상 속으로 자연스레 끌어들였다. 한 달에 한 권을 깊게 읽고, 격주 토요일 오전 6시에 줌에서 모여 생각을 나눈다. 덕분에 나는 책을 가까이하고 매일 한 줄이라도 글을 쓰려는 마음으로 하루를 살아간다. 일상의 빈틈을 책과 글로 촘촘히 채워 나가며 내면을 더욱 단단하게 다지고 있다.

굳이 프로젝트는 배운 바를 행동으로 옮기는 실천 모임이다. 내 블로그 대문에는 '아는 것'은 반드시 '행동하는 것', 즉 '이해한 것'이 되어야 한다는 글이 적혀 있다. 굳이 프로젝트의 방향성이 내 신조와 정확히 맞아떨어졌다. 저마다 다른 삶을 사는 이들이 모여 성장의 과정을 응원한다. 다른 계기로 시작된 두 모임은 지금 내 삶을 움직이는 커다란 동력이 되었다.

자경노에서 내가 '읽고 쓰는 사람'이라면 굳이 프로젝트에서는 '행동하는 사람'이다. 전자가 생각의 뿌리를 내리는 과정이라면 후자는 꽃을 피우고 열매를 맺는 일이다.

꾸준히 기록하고자 하는 마음으로 이전에는 잠들기 전이나 여유가 생길 때 자유롭게 글을 적곤 했다. 하지만 규칙 없이 이어지던 글쓰기 습관은 다른 급한 일에 밀려 뒷전이 되기 일쑤였다. 그러다 최근, 자경노 새벽 글쓰기 동아리 '정신과 시간의 방'에 합류하여 새로

운 전환점을 맞았다. 매일 오전 6시, 오롯이 글에 몰입하는 한 시간. 그 시간 동안 잊고 있던 나와 상상도 못 했던 나를 만나게 되었다. 아침을 글로 여는 이 경이로운 경험은 하루를 더욱 값지고 빛나게 살고 싶다는 의지를 불러일으킨다.

자경노 독서 특강 '독서 모임 어디까지 해봤니?'를 통해 독서 모임이 지닌 진정한 가치를 발견했다. 그 깨달음은 굳이 프로젝트 안에서도 독서 모임을 만들고 싶은 마음으로 이어졌고, 나는 조심스럽게 동기에게 화두를 던졌다. "우리도 함께 책 읽어보지 않을래요?"

그 한 마디가 시작이었다. '북끄북끄' 독서 모임이 탄생했고, 굳이 프로젝트를 만든 오현호 작가의 『행동력 수업』을 첫 책으로 펼쳤다. 이미 읽은 책이었지만, 우리는 단순한 독서를 넘어섰다. 각자의 단상을 나누고, 깨달음을 행동으로 옮긴 뒤 글로 정리하며 깊이를 더했다. 이렇게 '읽고, 느끼고, 행동하고, 쓰는' 삶은 그 자체로 하나의 방식이 되었다.

그 후 근무하는 학교에도 독서 모임을 제안했다. '북킷리스트'라는 이름을 붙인 이 모임에서는 일반 책과 그림책을 함께 읽는다. 작은 시도이고 시작에 불과하지만 소중한 의미를 지닌 발걸음이다. 독서 모임마다 구성원과 성격에 따라 읽는 책과 나누는 이야기가 다르다. 나는 이 과정에서 여러 세상을 사는 듯한 다채로움을 느낀다. 모임

굳이 하지 않아도 될 일에 도전할 때,
나는 한계를 넘어 새로운 나를 만난다.

수만큼 책을 많이 읽기보다는, 다양한 주제의 책들을 교차하며 읽는 즐거움이 크다. 덕분에 지루할 틈 없이 여러 개념이 융합되고 연결되며 폭넓은 시각을 기를 수 있다.

굳이 프로젝트를 시작한 지 얼마 되지 않았을 때, 줌 강연과 다른 분들의 이야기를 듣고 5km 마라톤에 도전했다. 평소에 뛰지 않던 내가 매일 걷거나 뛰고, 식단을 조절하며 준비했다. 처음 도전하는 장거리 달리기는 쉽지 않았다. 마침내 결승선을 통과하는 순간, 내가 해냈다는 사실에 기쁨은 하늘을 찌를 듯했다. 이 경험은 단순한 숫자의 기록이 아닌 내 한계를 뛰어넘는 도전이었다. 이 기쁨을 나누고 싶어 새로운 기부를 시작했고, 10월 말 열리는 10km 마라톤에 참여 신청을 했다. 이번에는 아들도 함께 달리기로 했다.

굳이 프로젝트는 말 그대로 굳이 하지 않아도 되는 일을 해 봄으로써 새로운 자신과 기회를 만날 수 있게 한다. 독서 모임에서 김영하 작가의 책을 읽고 강연을 듣고 싶어졌다. 강연에 참여하는 김에 '강연에서 질문자가 돼 보자'라는 미션을 스스로에게 주었다. 사전에 질문을 메모하여 제출했는데, 강연 후 Q & A 시간에 작가님께서 내가 적은 질문을 선택하셨다. 글을 쓰는 사람으로서 궁금했던 부분에 대해 작가님의 긴 답변을 들을 수 있어 큰 도움이 됐다. 덕분에 강연은 내게 큰 기쁨과 깊은 인상을 동시에 안겨주었다.

두 모임의 공통분모는 글로 남기는 행위다. 책에서 얻는 영감으로 나와 대화하고, 행동 후에는 경험을 글로 갈무리한다. 모든 생각은 잊히지만, 글은 남는다. 스쳐 지나가는 좋은 생각과 흐르는 마음을 붙들고, 쌓아둔 기억을 정리하며 글 속에 담아내고 있다.

"위대한 일은 단숨에 이루어지지 않는다.
그것은 일련의 작은 일들이 함께 모여 이루어진다."
- 『아주 작은 습관의 힘』 중에서, 제임스 클리어

나이를 먹는 속도만큼은 아니더라도 꾸준히 성장하고 싶다. 어차피 평생 할 일이라면 재미있게 하고 싶기에 다양한 방법을 찾아본다. 몸을 움직여 도전하고 지식을 쌓는 것 외에, 내면의 성장을 위한 노력도 게을리하지 않는다. 때로는 아무리 열심히 해도 어려움을 겪고 좌절을 느끼기 마련이다. 그런 순간에 쉽사리 흔들리지 않기 위해 마음공부를 한다. 교사 전문적 학습 공동체를 통해 여러 선생님과 함께 4년째 마음 돌봄을 실천하고, 그 내용을 체계적으로 다듬어 간다. 우리가 쌓아온 마음 돌봄의 지혜가 더 많은 이에게 닿아, 삶의 작은 위로가 되기를 소망한다.

학교는 일반 기업과 달리 세상의 변화에 민감하게 반응하지 않는다. 그렇지만 교사는 다음 세상을 살아갈 아이들을 가르쳐야 하는

삶의 작은 실천들이 이어져,
마침내 나만의 별자리를 그린다.

사람이다. 교사로서 지금까지 내가 믿어 온 가장 좋은 가치를 전달하는 동시에, 내가 겪어 보지 못한 세상을 살아갈 아이들에게 도움이 되는 사람이어야 한다고 생각한다. 그런 책임감으로 세상과 동떨어지지 않기 위해 경제 공부를 하고, 다양한 분야의 강연을 찾아 들으며 시대의 흐름을 놓치지 않으려 부단히 노력하고 있다.

아이들은 우리가 생각하는 것보다 훨씬 빠르게 변화하는 세상을 받아들인다. 때로는 아이들에게서 오히려 새로운 것을 배운다. 그럴 때마다 겸손해진다. 가르치는 사람이지만 동시에 배우는 사람이어야 한다는 것을.

머리와 마음 채우기로만 그친다면 진정한 변화는 일어나지 않는다. 결국 용기 내어 행동해야 한다. '건강한 신체에 건강한 정신이 깃든다'라는 유베날리스의 오래된 말처럼 무엇보다 건강이 우선이다.

마흔이 훌쩍 넘은 지금, 배드민턴을 치고 마라톤을 준비하며 걷고 또 뛴다. 예전보다 몸이 더 무겁게 느껴지는 날도 있지만, 동시에 더 유연하고 오래가는 힘이 내 안에 있다는 사실을 깨닫는다.

"내가 원하는 것, 내가 할 수 있는 것,
　내가 타고난 것을 긍정하는 것이 나대로 사는 것이다."

－『마흔에 읽는 쇼펜하우어』 중에서, 강용수

각기 다른 행동은 수많은 작은 점이 되었다. 전혀 다른 시공간에 찍혀 서로 상관없을 것만 같았던 점들이 어느 순간 선으로 연결된다. 영향력 있는 행동은 사방으로 뻗어나갔고, 새로운 도전은 시작점이 되었다. 하늘의 별이 별자리를 그리듯 내 삶의 점이 나를 그리고 있다.

성장과 도전은 거창하지 않고 적당한 시기는 따로 없다. 누가 시키지 않아도 무언가를 하고 어제보다 나은 나로 한 걸음 나아간다.

이제 '할까 말까?' 고민하지 않기로 했다. 대신 다른 세 가지 질문을 던진다.

'언제 할까, 누구와 할까, 어떻게 할까?'

나는 오늘도 성장하는 재미에 물든 하루를 살아간다. 그리고 당신도 이 글을 읽고 있는 지금, 이미 성장의 길 위에 서 있다.

읽고, 움직이고, 나로 살아내는 힘을 키우는 책

1. 『행동력 수업』, 오현호 지음
   - 읽고, 느끼고, 바로 움직이고 싶은 당신에게, 이 책은 '행동하는 삶'의 든든한 출발점이 되어 줍니다.

2. 『아주 작은 습관의 힘』, 제임스 클리어 지음
   - 아주 작은 실천들이 모여 놀라운 성장을 끌어내는 방법을 알려 주고 꾸준함의 힘을 증명하는 책입니다.

3. 『마흔에 읽는 쇼펜하우어』, 강용수 지음
   - 내가 진정으로 원하는 나다운 삶을 찾아가는 지혜를 일깨우며, 삶의 방향에 대해 깊이 있는 질문을 던집니다.

손유림

06 시련이라는 포장지에 싸인 선물

"최종 합격자 명단에 없습니다."

최선을 다해 공부한 임용고시에서 아주 사소한 점수 차이로 불합격했다. 아쉬움이 컸는지 일주일 동안 잠도 자지 못했고, 밥도 먹지도 못했다. 그렇게 우울의 늪에 빠져 지내던 중, 선배의 추천으로 『빨간 머리 앤, 행복은 내 안에 있어』라는 책과 만나게 되었다.

"마음이 너무 힘들 때는 드라마를 찍고 있다고 상상해 보세요. 회사 상사에게 혼날 때는 '청춘 드라마의 주인공' 역할을 맡고 있는 것이고, 사랑하는 사람과 이별할 때는 '멜로 드라마의 주인공', 사업이 잘 안될 때는 '성장 드라마의 주인공' 역할을 맡고 있는 것이죠. 내가 드라마 주인공이라고 생각하면 마음이 한층 괜찮아질 겁니다. 지금 겪는 시련이 드라마의 재미를 끌어올리기 위한 일부 장면이라고 받아들여질 테니까요."

- 『빨강 머리 앤, 행복은 내 안에 있어』 중에서, 조유미

위의 문장을 읽고 나서 생각을 전환해 보았다. 이번 불합격은 훗날 내가 좋은 선생님이 되고 나서 사람들에게 들려줄 하나의 에피소

생각 전환의 힘으로,
이후 나는 같은 상황에 다른 태도를 가진 사람이 되었다.

드가 될 수도 있겠다고. 원치 않는 결과를 마주한 학생의 마음을 잘 헤아려 주며 격려해 주는 선생님이 된 나를 상상해 보았다. 더 나아가, 큰 무대에서 사람들에게 나의 불합격 극복 이야기를 들려주는 모습을 상상하니 웃음이 났다.

"그래. 이번 불합격은 내가 더 훌륭한 선생님이 되기 위한 작은 시련이야!" 성장 드라마의 주인공이 되었다고 생각하니, 어떻게 하면 더 멋진 다음 장면을 찍을지 고민하게 되었다. '왜 나한테만 이런 불행이'라는 부정적인 생각이 '오히려 더 좋은 선생님이 될 거야'라는 긍정적인 생각으로 전환되었다. 또한, 긍정적인 생각은 '어떻게 하면 이 시기를 잘 극복할 수 있을까?'라는 생산적인 생각을 불러와 나에게 새로운 힘을 주었다.

생각 전환의 힘은 컸다. 이후 나는 같은 상황, 다른 태도를 가진 사람이 되었다. 불합격이라는 상황은 같았지만, 전과 달리 우울의 늪에 빠져 지내지 않았다. 오히려 지금만 할 수 있는 경험을 쌓으며 의미 있는 시간을 보내고자 노력하였다. 덕분에 불합격이 준 몇 가지 선물들을 받을 수 있었다.

첫 번째 선물은 '교사라는 직업에 대한 사랑과 확신'이었다. 시간 강사와 기간제 교사로 일하며 1학년부터 6학년까지 모든 학년의 담

임 교사로서의 경험을 쌓았고, 영어, 과학, 도덕 전담 교사로서의 특별한 시간을 누렸다. 200명 넘는 학생들이 써 준 편지를 방에 붙여 놓고 매일 읽으며 눈부시게 행복한 시간을 보낼 수 있었다. 주말이 오는 것이 싫을 만큼 출근하는 것이 좋았다. 덕분에 내가 학생들을 얼마나 사랑하는 사람인지, 교육에 대해 얼마나 열정적인지 깨닫게 해주어 교사로서의 꿈을 확신하는 계기가 되었다.

　두 번째 선물은 '자신에 대한 이해와 사랑'이었다. 그 무엇보다 소중한 선물일지도 모른다. 내 인생에서 내가 성장 주인공이라고 생각하니, 나 자신에게 더 집중하게 되었다. 이전까지 내 인생 무대 속 주인공은 늘 타인이었다. 주인공인 타인이 나를 어떻게 생각하는지가 가장 큰 관심사였고, 조연인 나는 타인을 의식하기 바빴다.
　그런 나에게 불합격은 전환점이 되었다. 나 자신을 우선순위로 두고, 사소한 결정이라도 타인의 시선보다는 나에게 필요한 것인지 고민해 보았다. 또한, 나에게 좋은 것들을 베풀고자 노력했다. 이때 감사 일기 적기, 명상하기, 수영하기 등 건강한 생활 습관을 만들었다. 더 나아가, 나라는 사람은 어떤 사람인지 깊이 생각해 보았다. 덕분에 내가 좋아하는 것은 무엇인지, 내가 진정으로 하고 싶은 것은 무엇인지 깨달을 수 있었다. 이처럼 내가 나에게 관심을 기울이고 사랑해 주니, 몸도 마음도 더 건강한 사람이 되었다.

> 주어진 시련을 눈물로만 보낼지,
> 오히려 내 인생의 자양분으로 삼을지는 내 몫이다.

　세 번째 선물은 '겸손의 미덕 배우기'이었다. 그전까지는 원하는 결과를 얻지 못한 학생들에게 "최선을 다하지 못했기 때문이다."라며 다그치기만 했다. 하지만 임용고시를 준비하며 열심히 해도 원하는 결과를 얻지 못할 수도 있다는 것을 깨달았다. 덕분에 나는 "최선을 다한 네가 참 멋져. 너의 노력이 빛을 발할 날이 곧 올 거야."라고 격려할 수 있는 사람이 되었다. 게다가 원하는 결과를 얻었을 때는 나의 실력만이 아닌 운과 상황이 따라 주었던 것이기에 감사해야 한다는 것을 배웠다.

　'신은 인간에게 선물을 줄 때 시련이라는 포장지에 싸서 준다'라는 브라이언 트레이시의 말이 있다. 나 역시 불합격 덕분에 나와 내 꿈을 사랑하고, 더 단단하고 겸손한 사람이 되었다. 앞으로도 살아가면서 크고 작은 시련들이 오겠지만, 시련이라는 포장지를 기쁜 마음으로 풀어 가며 성장의 기회로 삼으려 한다.
　누구에게나 시련은 온다. 물론 내 의지와 상관없이 오기도 한다. 하지만 주어진 시련을 눈물로만 보낼지, 오히려 내 인생의 자양분으로 삼을지는 내 몫이다. 당신이 주인공인 드라마 속에서 시련을 멋지게 극복하고 아름다운 다음 장면들을 펼치기를 온 마음을 다해 응원한다.

시련을 극복하는 데 도움되는 책

1. 『회복탄력성』, 김주환 지음
   - 회복탄력성으로 시련을 극복한 사람들의 사례를 소개하고 회복탄력성에 대한 연구 결과를 제시한 책입니다. 이 책에 수록된 '회복탄력성 지수'를 확인할 수 있는 53개 KRQ 문항을 통해 자신의 회복탄력성을 체크하고 계획해 볼 수 있어 추천합니다.

2. 『돌파력』, 라이언 홀리데이 지음
   - 이 책에서 돌파력이란 시련 앞에 장애물을 돌파하고 기회로 만드는 힘을 의미합니다. 돌파력으로 어려운 시기를 살아간 사람들이 인생의 위기를 기회로 바꾼 다양한 사례들을 통해 성공하는 방법을 안내합니다. 인식, 행동, 의지라는 세 단계의 원칙으로 독자들이 위기를 돌파하는 데 당장 적용할 수 있어 추천합니다.

박연신

07 어른이라는 말의 의미

"당신의 길에 나의 이름이 필요하거든, 나의 얼굴이 필요하거든, 얼마든지 가져다 쓰세요. 보상이나 대가는 필요하지 않습니다. 그저 당신이 선한 마음으로 연대하며 살아가는 모습을 보는 것으로 충분합니다."

- 『어떤 어른이 되어야 하냐고 묻는 그대에게』 중에서, 홍세화

김민섭 작가님을 만난 것은 2024년 5월이었다. 같은 지역의 교감 선생님들과 함께 가평으로 워크숍을 갔을 때 '자신-타인-세상을 잇는 따뜻한 생각과 말의 힘'이라는 주제의 강연을 통해 작가님을 처음 만났다.

"선한 영향력이 발휘되었으면 좋겠습니다. 연대가 이뤄내는 따뜻한 기적과 연결의 힘을 믿고 있습니다. 다정함의 힘으로 함께 연대했으면 좋겠습니다."

선한 얼굴과 따스한 눈빛으로 차분하게 진행하시는 강연 가운데 다정함과 연대라는 깊은 마음속 울림을 전해 주었다. 그리고 작가님의 강연 속에 홍세화 선생님과의 인연도 함께 말씀해 주셨다. 김민섭 작가님이 생각하는 진정한 어른의 모습은 홍세화 선생님이셨다

참된 어른은 모든 걸 해결하는 슈퍼맨이 아니라,
존중과 겸손으로 곁에 서 있는 사람이다.

며 말씀하신 내용에는 고인에 대한 일화들과 추억 속 그리움이 한껏 묻어나 있었다.

무지하게도 나는 그때까지 홍세화 선생님에 대해서 거의 알지 못한 상태였지만, 선생님의 저서인 『나는 빠리의 택시 운전사』의 제목만은 어디선가 어렴풋이 들었던 기억이 있었다. 그런데 김민섭 작가님이 홍세화 선생님을 '이 시대의 참된 어른이시며 누구보다도 다른 사람을 존중하셨고 겸손한 분이다, 홍세화 선생님의 말씀과 그 뜻을 이어 나가겠노라'라고 추억하는 모습을 보며, 김민섭 작가님의 인생에 그런 어른이 곁에 계셨다는 것이 나는 무척이나 부러웠다.

어릴 적 나는 '어른이란, 무엇이든 척척 해결하고 합리적으로 생각하는 슈퍼맨과 같은 존재'라고 생각했다. 초등학교 입학하기 전까지 내겐 아빠가 그런 어른이었다. 궁금한 것이 있어 물어보면 막힘없이 척척 답해 주는 어른, 역사를 어렵지 않은 옛날이야기로 바꿔서 재미있게 말해 주는 어른, 필요한 것이 있으면 뚝딱뚝딱 만들어 주는 어른. 좀 더 커서 초등학교 때 연식이 좀 있어서 내가 다니던 때는 국민학교였다. 나에겐 담임 선생님이 그런 어른이었다. 학교에서 일어나는 모든 일을 해결해 주는 '슈퍼맨 어른'.

그러나 초등학교 고학년이 되고, 중고등학생, 대학생 그리고 성인으로 내가 점점 나이를 먹어갈수록 몸과 마음이 커지니 나에게 '슈퍼

맨'인 어른의 범위는 점차 줄어들어 갔다. 과거에 어른이라고 생각했던 어른들의 어른스럽지 못한 모습들을 보며 실망이 더해 가면서 그 범위가 줄어든 것이다. 더불어 '과연 어른인가?' 싶은, 단지 나이만 어른인 사람들의 모습을 보게 되면서 진정한 어른이 무엇인지에 대한 고민도 커졌다.

이젠 어른이라는 말을 들어도 너무나 이상하지 않은 나이가 된 지금의 나는, 나이만 먹었다고 어른이 아니라는 것을 깊이 깨닫는다. 과연 '어른'이라는 말뜻은 무엇일까? 문득 막연하게만 알고 있는 '나이가 많은 사람'이라는 뜻이 아니라, 정확한 어른의 말뜻이 궁금해졌다.

국립국어원 표준국어대사전에서 찾아본 어른의 뜻은 다음과 같다.
1. 다 자란 사람. 또는 다 자라서 자기 일에 책임을 질 수 있는 사람
2. 나이나 지위나 항렬이 높은 윗사람
3. 결혼을 한 사람
4. 한집안이나 마을 따위의 집단에서 나이가 많고 경륜이 많아 존경을 받는 사람

'나는 이 중 몇 개에나 해당할까?' 곰곰이 생각해 본다. 키가 더 이상 크지 않고 다 자랐으니 1번에 해당되는 것 같지만, 자기 일에 책임을 다 지고 있는지에 대해서는 고민이 생긴다. 2번의 경우 나이가 많

> 어른은 나이로 증명되는 사람이 아니라,
> 책임과 존중으로 기억되는 사람이다.

으니 항렬이 높은 것 같은데, 지위가 높은 윗사람일지에 대해서는 다시 한번 고개를 갸우뚱하게 된다. 그나마 다행스럽게도 결혼은 했으니 3번의 경우 확실히 어른이라는 증명받은 거 같다. 결혼도 안 했으면 어쩔 뻔했던가. 미혼이라면 이마저도 해당 사항이 없을 뻔했다. 순간 '나와 결혼한 남편에게 감사해야 하나?' 하는 생각에 잠시 몸이 움찔한다. 마지막 4번의 경우는 과연 내가 다른 사람들에게 존경을 받는 사람인지에 대한 의문이 든다. 존경이란 내가 나를 스스로 판단하는 것이 아니라, 타인이 나를 바라보고 판단한 후 인정하는 타자적 관점이라 나는 결코 알 수가 없다. 결국 1~4번 중 내가 어른인 명확한 증거는 그나마 겨우 1개뿐이다. 3번 결혼을 한 사람. 국어사전 속에서도 내가 어른으로 인정받기는 결코 쉽지 않다.

　삶을 살수록, 나이가 들어갈수록 '어른이란 과연 무엇을 뜻하는 것일까?' 깊이 고민하게 된다. 고민이 깊어지는 이유는 현재의 삶에서 진정한 어른이 우리 주위에, 그리고 내 주위에 많지 않기 때문인 것 같다. 2024년 말부터 2025년 현재까지의 사회적 상황이 어른의 존재와 의미에 대해 더 고민케 한다. 어른으로서 사회적인 역할을 충분히 하지 못하는 상황들이 수없이 펼쳐져 이를 바라보는 젊은이와 어린이들에게 부끄러운 어른의 모습을 보여 주고 있는 것 같아서 내가 참 낯이 뜨겁다.

"스스로 미완의 존재임을 의지로 붙들어야만 해요. 우리가 죽는 순간까지 완성된 존재일 수 없다면, 자신의 잘못된 점 부족한 점에 대한 부단한 성찰을 통해 수정하거나 보충해 가는 그런 긴장을 유지하는 게 필수적이라고 보는 것이지요. 아침마다 거울을 보면서 옷매무새를 살피고 외출하듯이 자신의 내면을 바라보는 거울과 함께 살아가는 사람, 그런 자세가 참된 어른이 되고자 하는 사람에게 반드시 필요하다고 생각합니다."

- 『어떤 어른이 되어야 하냐고 묻는 그대에게』 중에서, 홍세화

[사진 2-1]

    25년간 교사와 교감의 길을 가고 있는 나는, 내가 만난 나의 아이들이 성인이 되어 초등학교 시절을 되돌아봤을 때 가장 좋은 선생님, 최고의 선생님으로 기억됐으면 하는 커다란 소망도 있지만, 그것보다는 힘든 일이 있을 때 자신에게 손을 내밀어 도와줬던 한 명의 어른으로 기억했으면 하는 작은 바람이 있다. 힘든 순간, 절망의 시간 속에서 홀로 견뎌야 할 그 괴로움의 순간에 필요한 것은 누군가의 작은 믿음과 격려이다. 그 순간 도움을 주는 한 사람의 어른만 있어도 견딜 수 있고 희망을 찾을 수 있다. 그 많은 제자들과 그 많은 순간 속의 나의 모습은 교사로서, 삶의 선배로서 어른이었나 되돌아본다.

    25년의 세월 속에서 나는, 누군가에겐 무서운 선생님이었을 수도, 또 다른 누군가에겐 재미있는 선생님이었을 수도 있다. 하지만 칠흑같이 어둡다고 생각했던 그 두려운 삶의 순간들 속에서 따뜻하게 손을 내밀었던 그런 한 명의 어른으로 기억되었으면 좋겠다. 이 바람의 순간 유독 생각나는 이름과 얼굴들이 있다. 내 기억 속 이들은 유독 마음이 쓰이는 '애품아 애정으로 품는 내 아이'였다.

    그중 내 최고의 '애품아'는 조서윤이다. 4학년 담임으로 처음 만났을 때 나의 서윤이는 다소 무뚝뚝해 보이고 말투도 상냥하지 않았지만, 미술, 피아노, 수학 등등 정말 많은 것을 잘하는 아이였다. 평소

> 최고의 선생님이 아니라, 힘든 순간 손을 내밀어 주는 한 명의 어른으로 기억되고 싶다.

불만이 있어도 표 내지 않고 묵묵히 자기 일을 충실히 해 내는 아이였다. 서윤이와 함께하는 학교생활에서 즐거움과 보람도 많았지만, 학년이 거의 끝나갈 때까지 나는 담임 교사이기보다는 엄마의 마음으로 서윤이와 이야기하고 다독이고 그리고 속상해했다.

서윤이는 정말 사랑받을 요소가 충분히 많은 아이인데, 정작 엄마와의 갈등으로 인해 현실은 하루하루가 고통이었다. 간혹 밤늦게 서윤이가 나에게 카톡으로 '선생님 죄송한데, 지금 통화 가능하세요?'라고 물으면 떨리는 가슴을 진정시키고 빠르게 전화번호를 누르며 한가득 조심스러운 목소리로 통화하던 내 최고의 애품아였다. 4학년인데 또래보다 성숙한 모습의 서윤이가 집 밖 놀이터에서 밤늦게까지 나에게 자신의 힘든 점을 털어 놓을 때면, 나는 혹시나 주변에 나쁜 사람이 있을까 봐, 위험한 상황이 발생할까 봐 전전긍긍하면서 대화했다.

서윤이는 가정 환경도 넉넉하고 부족한 것이 없는데, 엄마와의 애정 관계의 연결이 매우 가늘고 부족했다. 더불어 언니와의 사이에서 차별을 받는 정황이 보였다. 서윤이와의 상담이 깊어질수록 나는 서윤이가 말하는 엄마의 태도가 이해되지 않아서 '혹시 친엄마가 아닌 건가?'라고 정말 깊게 고민할 만큼 안 좋은 상황에 처해 있던 아이였다. 풍족한 가정 환경이라 원하면 필요한 학원을 모두 다닐 수 있었

지만 정작 필요한 부모의 사랑, 특히 엄마의 사랑이 늘 부족한 애달픈 아이였다.

  그러다 겨울의 초입에 있던 어느 날, 다른 친구들이 모두 두꺼운 옷을 입고 와서도 춥다고 말하는데, 서윤이는 반소매 티셔츠에 칠부바지를 입고 그 위에 롱패딩만 하나 달랑 걸치고 그 추운 등굣길을 거쳐 교실로 들어왔다. 이 모습을 본 나는 너무 놀라 잠시 얼음이 되었다. 이 추위에 이 옷차림으로 학교에 오다니…. 쉬는 시간과 점심시간을 이용해 서윤이와 상담하며 조심스레 옷에 관해 물었다. 그리고 대충 얼버무리며 넘기려는 서윤이와의 끈질긴 상담 끝에 집에 겨울옷이 있지만 어머니가 옷장의 옷을 교체해 주지 않아서 급하게 눈에 보이는 패딩만 본인이 꺼내 입고 왔다는 마음 아픈 말을 듣게 되었다.

  그날 오후 조심스레 시도한 서윤 어머니와 전화 상담은 별일 아니라며 앞으로 잘 신경 쓰겠다고 하는 어머니의 유쾌한 음성으로 마무리가 되었다. 어머니는 서윤이의 마음에 상처가 얼마나 깊은지 이해하지 못하고 있었다. 그래서 어머니와의 상담 후가 더 씁쓸했다.

  이후 서윤이가 진급하면서 나와 함께하는 시간은 줄어들었다. 그래도 담임일 때만큼은 아니지만 다음 학년이 되어서도 간간이 서윤

　이와의 상담은 계속 되었다. 시간이 지나면서 담임도 같은 학교도 아니기에 내 시야에 온전히 들어오지 않는 서윤이가, 이렇게 예쁜 아이가, 혹여나 '자기 자신을 해치는 잘못된 선택을 하지 않을까?' 하는 걱정으로 마음 한편이 늘 조마조마하였다. 그래서 가끔 서윤이의 카톡 프로필 상태를 점검하면서 프로필이 변경되면 '아무 일이 없는 것 같아서 다행이다'라고 조용히 안도했다. 세월이 흘러 중학생이 된 서윤이는 오랜만에 카톡으로 안부 인사를 전하며, 부모님의 이혼을 덤덤하게 말했다. 부모님의 이혼으로 자신은 오히려 마음이 편해졌다는 말을 덧붙이면서 말이다.

　초등학교부터 이 긴 시간을 거치면서 과연 서윤이에게 있어서 '어른은 어떤 의미였을까?'. '다른 어른도 아닌 어머니라는 어른은 어떤 의미였을까?' 참 많이 고민하였다. 그리고 '나는 어떤 어른일까?'도 되짚어보았다. 더불어 나에겐 우리 자식들의 눈에 어떤 엄마로 보이는지에 대한 반성도 함께 동반되었다.

　그래서 홍세화 선생님께서 하신 말씀이 더욱 가슴에 와닿는다.
　'이 시대의 진정한 어른은 누구인가? 나는 어떤 어른인가? 과연 어른이긴 할까?'
　어떤 어른이 되어야 하냐고 묻는 이에게 홍세화 선생님은 '스스로 미완의 존재임을 자각해야 한다'라고 말씀하신다. 그래서 '자신의 잘 완벽한 어른은 없다.
진짜 어른은 스스로의 미완을 자각하며 날마다 보완해 가는 존재다.

못된 점과 부족한 점을 인정하고 이를 바꾸기 위해 끊임없이 긴장하고 성찰하라'고 하셨다. 죽을 때까지 완벽한 인간은 없다. 완벽하다면 인간이 아니라 신이겠지. 그러니 나의 잘못된 점, 부족한 점을 매일 성찰하며 완벽에 가까운 모습으로 향해 나갈 수 있도록 매일매일을 보완하고 수정해 가야 한다.

어른이라는 이유만으로 모든 것을 다 잘 알 수는 없다. 내가 나이로는 어른이지만 나보다 훨씬 젊은이, 심지어는 어린아이에게서도 배움이 생기는 경우가 많다. 누군가를 통해 내가 몰랐던 것에 대해 알게 되면 '꼰대력'을 발휘하지 않고, '누구에게든 배우는 자세를 갖춘, 그런 어른 됨을 매일매일 업그레이드하는 사람이 참된 어른이 아닐까?' 어른의 의미를 생각해 보며 앞으로도 '내가 미완의 존재임을 자각하고, 나의 부족한 점을 인정하며 나를 바꾸기 위해 끊임없이 매일을 성찰하는 그런 어른'으로 성장해 나가고 싶다.

어른이라는 말의 의미에 도움이 되는 책

1. 『가짜 모범생』, 손현주 지음
   - 이 책에서 그려지는 '어른'의 의미는 단지 나이나 권위가 아닌, 자신의 삶을 주체적으로 살아갈 수 있는 독립된 존재로서의 성숙함에 집중되어 있습니다.

2. 『기억을 넘어 너에게 갈게』, 양은애 지음
   - '어른'의 의미는 단순히 나이가 많은 사람이나 사회적 지위를 가진 존재를 의미하는 것이 아니라, 진정한 책임감과 이해, 공감 능력을 갖춘 존재로 그려집니다. 특히 이 작품에서는 '상처를 감추기보다 마주하고 치유해 나갈 줄 아는 사람', '과거의 아픔을 껴안되, 그것에 얽매이지 않고 앞으로 나아갈 수 있는 사람'이 바로 어른이라고 말합니다.

3. 『십대들에게 들려주는 어른 김장하』, 김현지 지음
   - 이 책에서에서 그려지는 어른의 의미는, 단순히 나이나 권위가 아닌 '조용하지만 강력한 영향력과 존중의 태도'에 있습니다.

윤미경

08 글쓰기로 오르는 또 다른 산

    고입 연합고사를 100일 앞두고, 중학교 3학년 전체가 결의를 다지는 의미로 한라산을 등반했다. 비교적 완만한 어리목 코스였다. 아침부터 야간 자율학습까지 10시간 이상씩 책상 앞에 앉아 있기만 했던 우리는 무거워진 엉덩이를 탓하며 어기적어기적 걸음을 옮겨 겨우 윗세오름에 도착했다. 시원한 가을바람을 맞으며 가방을 풀고 꿀맛 같은 점심을 먹는 것도 잠시. 산악회 출신인 듯 홍길동처럼 산을 뛰어다니시던 담임선생님께서 백록담까지 올라갈 정예 부대를 꾸리셨다.

    "힘들게 뭐 하러 꼭대기까지 올라가냐? 그냥 남아서 육개장 사발면이나 먹고 쉬자."

    친구들은 나를 꼬드겼다. 이미 옷에선 땀에 찌든 냄새가 나고, 다리는 뻐근하게 아팠지만, 이왕 시작한 거 한라산의 정상을 찍어야만 고입 시험에서도 소기의 성과를 이뤄낼 수 있을 것 같았다. 대부분은 윗세오름에 남아 쉬기로 했고, 학급별로 열 명도 채 안 되는 친구들과 나는 백록담의 정기를 받으러 출발했다.

    윗세오름까지는 여러 번 가본 적이 있었지만 백록담까지 향하는 길은 처음이었다. 쉬운 길이 아니었다. 친구들이 유혹하던 꼬들꼬들

> 쉽게 열리는 자동문은 없었다.
> 그러나 고통을 견디고 지나온 관문마다, 나는 조금씩 나를 믿게 되었다.

한 사발면 면발이 눈앞에서 아른거렸다. '여기만 넘으면 진짜 끝이야. 조금만 더 버티자.'를 되뇌며 참고 또 참고 걸었다. 험난한 과정을 한 번 견뎌 내면 이후에는 어떤 어려움도 이겨낼 수 있다고 자기최면을 걸었다. 정상에 도착한 순간, 사진에서 보던 맑은 물로 가득한 백록담의 신령스러운 분위기를 마주할 순 없었다. 땅바닥이 훤히 드러날 정도로 메마른 정상의 모습에 실망했지만, 끝까지 견뎌 낸 나 자신이 기특했고 감격스러웠다. 육체적 고통을 감내하며 목적지에 어렵사리 도착한 우리는 "연합고사도 잘 치르자!"라며 기쁨에 찬 환호성을 질러댔다. 그해 말, 만족할 만한 성적표를 받아들며 '하면 된다'라는 자신감이 뚜렷하게 자리 잡았다.

학창 시절엔 입시라는 고비만 잘 넘기면 모든 것이 해결될 줄 알았다. 고입, 대입, 임용고시, 토플 시험, 대학원 진학, 연예, 결혼, 출산, 육아, 승진…. 살아오는 내내 관문은 끝없이 이어졌고, 그 어느 것도 쉽게 지나갈 수 있는 자동문은 아니었다. 어떤 관문들은 나를 매몰차게 차단했고, 어떤 관문들은 지나치게 비좁았다. 시험대를 통과할 수 있는 능력과 자격이 있는지 자신을 의심하기 시작했다. 주변의 수많은 엄친아, 엄친딸들은 성과를 척척 이뤄 내며 부모들의 자랑이 되었다. 그들과 비교하며 나는 점점 작아졌고 자신을 부족하고 못난 사람이라 여겼다. 높았던 콧대는 점점 깎여 내려갔고, 자책

과 비난 속에서 자꾸만 주춤거렸다.

"열심히 해봤자 뭐가 되겠어?"

애써 봐도 좋은 결과를 얻을 수 없다고 미리 재단하며, 온 열정을 쏟기조차 포기했다.

그럼에도 내가 처한 현실에 안주하지는 않았다. 도전과 실패의 반복 속에서 오뚜기처럼 자꾸 일어섰다. 상처가 굳어지고 단단해지더니 쓰라림으로 주저앉아 있는 시간은 점점 짧아졌다. 지금보다 좀 더 나은 내가 되고 싶었고, 그 마음은 쉬이 꺼지지 않았다. 내가 관심 있는 것, 좋아하는 것, 잘하는 것, 잘해 내고 싶은 것은 무엇인지 끊임없이 탐색했고 기웃거렸다. 그러다 '책을 쓴다'는 낯선 영역과 마주했다. 한 번도 꿈꿔 보지 않은 분야였다.

글을 쓰는 것은 삶과 생각을 드러내는 일이었기에, 그 글을 누군가가 읽는다고 상상하는 순간, 평가받는다는 두려움이 밀려왔다. 읽기 쉬운 글, 말맛이 있는 문장, 무릎을 '탁' 치게 하는 표현, 생각이 남다른 글에 밑줄을 긋고 읽어 내려가다 다시 돌아온 나의 글은 유치하고 진부하게 느껴졌다. 묵혀 두었던 초고를 펼쳐보다가, 다시 덮어 버리기를 여러 차례. 무쇠로 만든 책 쓰기 철문을 회전문처럼 들어 갔다 나오기를 반복했다.

"너를 걷게 한 신뢰가 이제 네가 하는 모든 행동과 생각의 일부가 되어야 한다는 것을 절대 잊지 말아라. 너 스스로에 대한 강한 신뢰가 '실패가 주는 좌절'과 '되돌아가고 싶은 나약함'으로부터 너를 지켜 줄 거야."

- 『핑!』 중에서, 스튜어트 에이버리 골드

좋아하는 책 『핑!』의 한 구절이다. 책 쓰기에 도전하는 동안 스스로 부과한 실패라는 좌절도 느꼈고, 자신을 더 이상 시험대에 올려놓지 않는 상태로 되돌아가고 싶은 유혹도 느꼈다. 수많은 실패를 겪고, 그 과정에서 배운 것을 디딤돌 삼아 나를 일으켜 세우고, 다시 도전하고, 결국은 성공하는 과정을 거치며 충분히 단단해졌다고 여겼다. 하지만 책 쓰기에서 마주한 나는 여전히 나약한 존재였다. 이유는 단 하나, 바로 스스로에 대한 강한 신뢰가 부족했기 때문이었다. 중학교 3학년 시절, 한라산 정상에서 이미 그것을 깨우쳤다. '나를 향한 강한 신뢰'가 나를 지켜 주는 가장 강력한 무기인 것을. 하지만 그 소중한 깨달음을 한동안 잊고 살았다.

지금의 나는 책 쓰기의 장막에 갇혀 있다. 어둡고 높디높은 장애물에 둘러싸여 빠져나오기 힘든 상태이다. 비법서들을 염탐하고, 고수들의 전략을 전수받아도 그 말들은 공허하게 들린다. 아직 완전히 '내 것'이 아니기 때문이다. 하지만 나는 안다. 이 쉽지 않은 발걸음을 결국은 내디딜 것임을. 그리고 끝내 이뤄낼 것임을. 왜냐하면 나는 나를 믿기로 했기 때문이다.

나를 믿고 응원하는 책

1. 『그릿』, 앤젤라 더크워스 지음
   - 이 책은 성공의 핵심이 재능이 아니라 열정과 끈기라는 것을 강조하는 심리학 기반 자기계발서입니다. 작은 실패에도 포기하지 않고 오랜 시간 목표를 향해 나아가는 힘이 진짜 실력이라는 메시지를 전합니다.

2. 『지금 하지 않으면 언제 하겠는가』, 팀 페리스 지음
   - 이 책은 팀 페리스가 세계 최고의 멘토 133명과의 인터뷰를 통해 얻은 삶과 성공에 대한 통찰을 담고 있습니다. 미루는 습관을 깨고, 지금 이 순간 행동하는 것의 중요성을 강조하며, 목표 달성을 위한 실질적인 방법들을 제시합니다.

고은주
09 질문에도 생일이 있다

"다양하면서도 깊이 있는 지식을 얻는 데 가장 좋은 질문 방식은 수렴과 확산을 적절히 섞는 것이다. 어떨 땐 무작정 산책도 하면서 말이다. 명확화가 필요할 때 제대로 좁혀 가는 질문을, 그리고 더 넓은 시야가 필요할 때 그에 맞춰 초점을 적절히 이동 및 확산해 가는 질문을 던지면 적당히 실천적이면서도 깊이와 너비를 갖춘 즐거운 대화를 만들어 갈 수 있다."

- 『묻는다는 것』 중에서, 정준희

　책을 펼치기 전, 『묻는다는 것』이라는 제목을 읽고 '묻는다'는 것은 무엇일까를 먼저 생각해 보았다. 그 질문에 바로 떠오르는 두 가지는 '질문하는 묻는다'와 '땅에 묻는다'였다. '땅에 묻는다'는 보이지 않게 감추고, 덮고, 들추지 않는다는 의미가 떠오른 반면, 하브루타를 접한 나로서는 이 책에서 말하는 '질문하는 묻는다'는 것이 끄집어내고, 파헤치고, 내가 알고 있는 지식에서 더 큰 앎으로 확장되어 가는 과정이라는 생각이 들었다.

　저자는 '좋은 질문'이란 구체적인 질문, 길이 잡힌 질문, 무한히 펼

 질문은 답을 얻는 수단이 아니라,
나의 인격이 담긴 또 하나의 나다.

쳐 놓기보다 차츰 길을 좁혀 주는 질문, 전혀 새로운 길을 생각하게 하는 질문이라고 했다. 좋은 질문에 대해 이야기하면서 모든 질문이 다 동일한 가치를 갖는다거나 동일한 대답을 얻게 해 주지는 않는다고도 했다. 모든 질문이 다 값어치가 있으되 어떤 질문은 다른 질문보다 값어치가 더 크다고도 했는데, 곰곰이 생각해 보면 값어치가 없는 질문은 하나도 없다는 생각이 들게 된다.

하지만, 자신이 만들어 내는 질문을 계속 비교하면서 값어치 없다고 생각하는 질문을 폐기하려고 하지는 않을지, 자신이 만들어 내는 질문과 타인이 만들어 내는 질문을 계속 저울질하게 되지는 않을지 걱정스러운 마음이 들었던 것도 사실이다. 내가 하브루타를 경험한 초창기에 '내가 만든 질문이 저평가 당하면 어쩌지? 내가 만든 질문이 수준 낮은 질문이면 어쩌지?'라는 생각에 마음이 혼란스러웠던 적이 있다. 내가 만든 질문이 상대방의 생각을 촉진시키고, 좋은 질문으로 평가받고 싶은 내면의 기제가 나도 모르게 작동해서 그랬다는 것을 나중에 알게 되었다.

그러나 혼란스러움은 잠시뿐 다행스럽게도 내가 만든 질문은 내가 낳은 것과 마찬가지니 내가 먼저 사랑해 주자는 마음이 들었다. 질문에는 만든 이의 인격도 담겨 있으니 내 인격이 담긴 질문을 내

가 먼저 존중하자는 멋진 생각이 떠오르자 내가 만든 질문이 하나의 인격체처럼 느껴졌다.

내가 질문을 낳았다니! 질문을 만든 순간 질문이 탄생한다. 게다가 한 번에 수많은 질문이 탄생하니 생일이 똑같은 질문이 얼마나 많겠는가! 탄생한 질문을 위해 생일 축하 노래를 불러 주고 싶다.
Happy Birthday 내가 만든 질문!
Happy Birthday 내가 낳은 질문!

　작년에 하브루타 2급, 1급, 마스터 과정까지 제대로 접하면서 확장형 질문 상상 질문, 적용 질문 만들기는 쉬웠던 반면, 수렴형 질문 내용 질문 만드는 것이 쉽지 않아서 무척 당혹스러웠던 경험이 떠오른다. 강사님도 내용 질문 만들기가 생각보다 어려울 거라고 말씀해 주셨기에 그나마 당혹스러움을 받아들일 수 있었다. 이를 계기로 그동안 나도 모르게 수렴적 질문을 등한시했던 것은 아닐까 생각했다. 그리고 수렴적 질문도 얼마든지 내용 이해와 사고 촉진에 도움이 되는 좋은 질문이라는 생각을 새롭게 하게 되었다.

　책을 읽으면서 그동안의 교육적인 분위기로 은연중에 생긴 오해와 편견을 바로잡을 수 있었다. 새로운 생각으로의 전환을 뒷받침해 주는 저자의 생각에 공감하는 기쁨도 느낄 수 있었다. 묻는다는 것과 질문하는 것이 더 많이 아는 사람들만의 전유물도, 모르는 사람만의 전유물도 아니라는 것을 편협하지 않은 태도로 말해 주는 점이 너무 좋았다. 이것은 맞고 저것은 틀리다거나, 이것은 옳고 저것은 그르다는 식의 이분법적인 태도가 아닌, 작가의 폭넓은 관점이 넓은 바운더리로 느껴졌기에 더 안정감을 느낄 수 있어서였다.

　질문이 있음으로 대화가 이어지고 대화의 이어짐은 소통으로 나아갈 수 있게 해 준다. 내가 만든 질문으로 상대방에게 대화를 청하고

> 새로운 길은 과거를 지우는 데서가 아니라,
> 과거를 품고 이어가는 데서 열린다.

상대방이 만든 질문에 답하며 서로 대화하고 소통하는 것은 질문에 부여된 가장 아름다운 임무 중 하나라고 생각한다. 그렇다면 이 아름다운 임무를 잘 펼칠 수 있도록 우리는 얼마나 도움을 주었을까?

그동안 우리 사회는 어떤 새로운 것을 시도하거나 도입하기 위해 기존에 있던 것을 극단적으로 배척하고 문제점만을 최대한 부각시켜서 기존 것으로부터 배우고 얻었던 장점을 너무나 성급하게 지워 버리려고 하지 않았나 생각한다.

예전에는 지식과 앎이 부족하고 정보가 부족했기에 국가 교육 정책도 이에 맞게 명확화에 초점을 맞추어 운영했다. 이후 탈명확화 시대가 도래하며 넓은 시야를 갖게 해 주는 교육의 필요성이 대두되었을 때, 이전 학습 방법과 수렴적 질문을 포함한 모든 교육 정책을 극단적으로 끊어 내거나 잘못된 방법이었다고 단정 짓기보다는 명확화로 인한 장점을 통해 이만큼 성장했으니 이제 다음 단계로의 성장을 위해 다른 질문을 탄생시켜 보자고 말하며 이전 것을 보듬으면서 나아갔다면 얼마나 좋았을까 하는 아쉬운 마음이 든다.

예전에 태어나서 그 시대의 부름에 따라 헌신하며 삶을 살아온 세대에 대한 배려와 존중의 자세도 없이, 세대 간 통합을 이루고자 하

는 노력도 없이, 이전 방식을 일순간에 '묻어 버리고' 새로운 패러다임을 도입할 때마다 세대 간 선을 그으며 스스로 단절과 불통에 '묻혀 버린' 세대의 미성숙한 태도에 이제는 안녕을 고하고 싶다.

이제 이렇게 말하자. 모든 질문은 본연의 아름다운 임무를 다했다고. 그러니, 모든 질문은 좋은 질문이라고.

하브루타 질문하기에 도움 되는 책

1. 『하브루타란 무엇인가』, 엘리 홀저, 오릿 켄트 지음
   - 하브루타의 실재와 유대인의 삶을 관통하는 유대인 교육을 포함하여 일반 교육학적으로도 하브루타를 잘 설명해 주는 책입니다. 유대인 교육 철학 전문가인 엘리 홀저와 오랜 연구를 통해 하브루타 학습법을 개발한 오릿 켄트, 두 하브루타 교육 전문가에게 배우는 하브루타 학습의 기술이 담겨 있습니다.

2. 『하브루타 질문 놀이』, 이진숙 지음
   - 질문과 대화로 소통하는 수업에 집중하고, 질문으로 재미있게 놀면서 생각을 깊게 할 수 있는 '하브루타 질문 놀이'를 연구 개발한 초등학교 수석교사의 수업 실천 사례가 담겨 있습니다.

3. 『메타인지와 말하는 공부』, 김판수, 최성우, 양환주 지음
   - 부모의 자아존중감 회복과 성취의 경험, 관계성 회복에 대한 메시지로 교육의 본질과 최종 목적에 대해 심도 있게 짚어보며, 메타인지 학습이 가능한 환경과 메타인지 능력을 향상하기 위한 효과적인 방법을 알아보는 데 도움이 됩니다.

정송희

10 내가 사랑하는 풍경

"어쩌면 그건 정말 매일의 노을 덕분이었을까? 온 바다를 물들이며 찾아오던, 우리의 허물마저 덮어 주듯 조용히 내리던 노을. 사는 일은 늘 마음 같지 않고 곁에 있는 사람의 마음도 제대로 챙기지 못하고 살지만, 나란히 서서 노을을 바라볼 수 있는 하루라면 그것으로 되었다고. 내일도 다만 그럴 수 있는 하루를 보내라고. 어떤 날은 지는 노을이 그만하면 되었다는 하루치의 위로 같기도 했다."

― 『좋아하는 걸 좋아하는 게 취미』 중에서, 김신지

해 질 녘 하늘이 서서히 물들어 가는 풍경을 보고 있노라면 마음이 편안해진다.

"오늘도 열심히 살았네. 이제 그만 쉬어도 돼."

아침부터 동동거리며 여기저기 뛰어다니던 나의 일상에 노을이 쉼표를 건넨다. 해야 할 일이 아직 산더미지만 하늘이 물들어가는 순간은 놓칠 수 없는 장면이다. 덕분에 구부정하게 굽은 등과 목을 쭉 펴고 고개를 들어 먼 하늘에서부터 조금씩 짙어지는 하늘빛을 감상한다. 삭막했던 마을이 주황빛 노을의 품에 들어오면 그렇게 포근

매번 다른 얼굴로 찾아오는 노을은,
지친 마음을 포근히 안아준다.

해 보일 수가 없다. 나의 부끄럽고 서툰 모습도 괜찮다고 끌어안아 주는 엄마처럼, 오늘 하루도 수고했다고 말없이 토닥여 주는 아빠처럼. 그렇게 노을이 온 마을을 품어 준다.

노을은 매번 다른 시간에 다른 얼굴로 나를 찾아온다. 손발이 꽁꽁 얼어붙는 겨울엔 퇴근길 차창 밖을 따뜻하게 덮어 주며 얼른 집에 가라고 손짓하고, 향긋한 봄날엔 주방에서 저녁밥을 준비하느라 바쁜 나의 시선을 꽃나무가 가득한 창밖으로 데려가 준다. 날이 더워지면 노을이 찾아오는 시간이 점점 늦어진다. 저녁밥을 먹고 딸과 함께하는 산책 시간, 붉게 빛나는 하늘을 가르며 자전거를 타는 딸의 뒷모습이 영화 속 한 장면처럼 아름답게 보인다. 나뭇잎의 색이 하나둘씩 변해 가는 계절엔 공원 벤치에 앉아 울긋불긋하게 물들어 가는 시간을 즐긴다.

나에게도 암흑 같던 시절이 있었다. 해가 언제 뜨고 지는지 신경 쓸 겨를이 없었다. 아침에 눈 뜨면 이미 날이 밝아 있고 저녁에 정신 차리면 온 세상이 어두컴컴하던 그때는 하루하루가 숨 가빴다. 누군가에게 등 떠밀려 살아 내는 시간, 그땐 뭐가 그리 힘들고 서러웠던지 자주 눈물이 났다. 자꾸만 우는 내가 이상해 보였는지 아이들이 물었다.

"엄마, 또 울어요?"

"나 때문에 그래요?"

나 때문이냐고 물어보는 아이의 말에 가슴이 철렁했다. 아이가 자기 탓을 하고 있었구나. 내가 눈물 흘리고 한숨지을 때마다 아이의 마음에 무거운 벽돌을 쌓고 있었다. 눈물이 좀 멈추면 좋으련만 그것도 마음대로 안 됐다. 이 좁은 집에 애들 눈에 안 띄는 곳이 없나 찾다가 발견한 곳이 세탁실이었다. 집에서 가장 구석에 있는 세탁실은 한 사람이 들어가기에도 비좁았다. 거기에다 윙윙 돌아가는 세탁기 모터 소리 덕분에 내가 우는 소리는 손쉽게 묻혔다.

그 후로 갑자기 눈물이 쏟아질 때 세탁실에 들어가 빨래를 돌렸다. 돌아가는 세탁기 옆에 쪼그리고 앉아서 윙윙거리는 소리를 듣고 있으면 마음이 조금은 가라앉는 것 같았다. 나의 세탁실 사랑은 이사 와서도 계속 됐다. 남편이랑 다퉈서 목소리도 듣기 싫은 날, 아들 숙제를 도와주다 속이 터져서 가슴을 내려친 날, 말도 안 되는 억지를 부리며 엄마 밉다고 소리치는 딸이 야속한 날, 난 세탁실에 들어갔다.

무슨 이유였는지는 모르겠다. 그날도 세탁실에 앉아서 마음을 진정시키고 있었다. 그때 날 찾으러 온 아들이 세탁실의 열린 문틈으로 환하게 외쳤다.

"엄마, 저기 좀 보세요!"

노을빛을 감상하며
이야기꽃을 피우는 시간이 기다려진다.

아들이 가리킨 곳은 세탁실 창 너머로 보이는 하늘. 따스한 노을빛이 하늘을 포근히 감싸고 있었다.
"와… 정말 아름답다."
"엄마, 우리 사진 찍어요."
속상했던 이유도 북받쳤던 감정도 잊어버린 채 아들과 빛나는 순간을 간직하려고 열심히 사진을 찍었다.

그날부터 난 세탁실 창 너머 풍경을 바라보기 시작했다. 새벽부터 테니스를 치는 사람들, 아침 일찍 출근하는 차들, 공원을 경쾌하게 산책하는 사람들, 푸릇푸릇한 나무들, 그리고 붉게 물든 노을까지. 나만의 비좁은 공간이 넓고 풍요로워졌다.

[사진 2-2]

이제 매일 저녁 설레는 마음으로 노을을 기다린다. 오늘은 언제쯤 하늘색이 바뀌려나? 해는 언제쯤 넘어가려나? 내가 바빠서 놓치는 날은 아이들이 이야기해 준다.

"엄마, 엄마! 오늘 하늘색 정말 예뻐요!"

아이들과 노을빛을 감상하며 오늘 하루를 나누고 서로를 토닥인다. 지치고 속상한 날은 붉어지는 하늘을 보며 함께 위로받고, 설레고 즐거운 날엔 노을이 질 때까지 이야기꽃을 피운다.

'오늘 하루도 수고했어.'

노을이 건네는 따뜻한 손길에 어두운 밤도 두렵지 않다.

따스한 위로가 필요한 당신에게 건네는 책

1. 『봄밤의 모든 것』, 백수린 지음
   - 한없이 잔혹한 인생이지만 상상할 수도 없는 방식으로 우리에게 다시 기쁨을 안겨 준다는 것을 느끼게 해 주는 책입니다.

2. 『꾸뻬씨의 행복 여행』, 프랑수아 를로르 지음
   - "지금 이 순간 당신이 행복하기로 선택한다면 당신은 얼마든지 행복할 수 있습니다." 행복은 달성해야 할 목표가 아니라 지금 이 순간에 존재함을 깨닫게 합니다.

3. 『웅크리는 것들은 다 귀여워』, 이덕화 지음
   - 웅크리는 것들은 에너지를 응축해 다음을 살아 낼 준비를 하는 거라고 말해 주는 작가의 말이 따뜻하게 다가옵니다.

3부

관계와 울림

사람 사이에서 나를 발견하는 순간들

책 속 한 줄의 힘

배정화
01 어른이 된다는 건

그녀가 떠나기 전 나는 어떤 말을 하고 싶었던 걸까. 전화기를 들었다 놓기를 수십 번 반복했지만, 결국 그만두기로 했다.

몸을 일으킬 수도 없을 만큼 죽음의 공포가 코앞까지 밀려왔던 어느 해. 나는 병가를 내고 집에서 요양했다. 조금씩 차도가 생기자 공원 벤치에 나가 앉기도 했다. 아들들이 해맑게 뛰어노는 모습을 보며 '이번 생이 길지 않을 수도 있겠구나….' 하는 생각이 드는 그 순간, 나는 속절없이 무너져 내렸다. 어쩌면 오래전 그때, 그녀가 어둠을 맞이하기 직전 가졌던 마음을 아주 조금은 먼저 느꼈을지도 모른다.

그 당시 내 아이들은 고작 대여섯 살이었고, 나는 마흔두세 살쯤이었다. 늦은 나이에 어렵게 만난 아가들이었고, 우리가 함께한 시간은 불과 6년 남짓이었다.

'아이들을 두고 갈 수는 없어요. 이렇게 어린데….'

그 간절한 바람이 닿았던 걸까. 죽음을 목전에 둔 그녀와 달리 내 병세는 점차 호전되었고, 세 달쯤 지나 다시 일상을 되찾았다.

그녀는 내가 작년에 담임 교사로 만났던 학생의 어머니였다. 교사

죽음은 끝이 아니었다.
남겨진 사랑이 여전히 나를 울리고, 또 살아가게 했다.

와 학부모로 서로 믿고 지지하며 마음을 나누던 특별했던 1년 남짓의 시간. 그녀의 투병 소식을 알기 며칠 전까지 상상조차 하지 못할 장소에서, 영정 사진 속 그녀와 마주했다. 그날의 충격적인 장면보다 더 아팠던 건 장례식장에서 상주로 서 있던 우리 반 아이가, 나를 향해 환하게 미소 짓던 모습이었다.

"엄마는 '시험 잘 보라'고 마지막으로 말씀하셨어요."

그냥 그렇게, 일상적인 말을 남기고 떠나셨다는 이야기 앞에서 또다시 만 가지 감정이 뒤섞였다. 그리고 고장 나버린 내 눈물 버튼은 도무지 멈추지 않았다. 한마디라도 깊게 던지면 금방이라도 눈물이 쏟아질 것만 같은, 그 아이의 얼굴을 견뎌 내야 했던 힘든 밤이었다.

오래전 시들시들했던 내가 떠오르는 밤이기도 했다. 아주 잠깐이었지만 삶을 잃어가는 문턱에서 텅 빈 마음으로 아무 말도 할 수 없던 나. 아이들과 함께 웃고 울었던 시간, 익숙했던 공간들, 그리고 영원할 것처럼 믿었던 일상의 조각들과 차마 헤어지고 싶지 않았던 서글펐던 시간이.

『너무 울지 말아라』에서, 죽은 자는 산 자의 행복을 바란다고 했다. 그 대목에서 나는 한참을 머물렀다. 의심이었을까? 아니면, 한 번도 꿈에 나타나지 않는 돌아가신 아버지를 떠올렸기 때문이었을까. 그런데도 나는 서서히 그 말의 의미를 받아들이게 되었다. 사랑하는

사람은 죽어도, 함께했던 사랑만큼은 놓지 않는다는 것을.

어디에서, 어떻게 나를 돕는지는 여전히 정확히 알 수는 없지만, 어디에선가 나를 지켜본다는 그 믿음이 있기에 나는 비뚤어지지 않고, 더 씩씩하게 달릴 수 있었다. 아픔을 안고도 여전히 꿋꿋하게 살아내고 있으니, 비록 이 세상에 혼자 남겨졌더라도 나를 감싸는 무형의 세계가 분명히 존재한다는 것을 안다.

"울어도 좋아. 슬플 테니까. 그래도 너무 울지 말아라. 내가 좋아하는 너는 웃고 있는 너란다."

— 『너무 울지 말아라』 중에서. 우치다 린타로

내 아이가, 그리고 내 제자가 언젠가 다시 세상이 기울어질 듯한 슬픔을 마주할 때 누구보다 자신을 사랑해 준 사람을 떠올리며 다시 나아갈 힘을 얻고, 봄날의 햇살처럼 따뜻한 삶을 살 수 있기를 바랐다. 아니 지금도 변함없이 간절히 바란다. 삶의 구석진 자리에서 현재의 시간을 애타게 붙들고 싶었던 과거의 내가, 그리고 생을 달리한 그녀가 부모와 어른으로 남겨진 사람을 위해 하고 싶었던 말도 결국 이 마음이 아니었을까.

"언젠가, 방 한구석에 앉아 문득문득 눈물이 날 때가 있겠지. 그때 엄마를 한 번 생각해 줄래? 그리고 그땐 펑펑 울어도 좋아. 슬플 테

어른이 된다는 건,
상실 속에서도 사랑을 기억하며 단단해지는 일이다.

니까. 그렇지만, 엄마가 좋아했던 너는 웃고 있는 너라는 걸…. 힘차게 달리는 너였다는 것도 잊지 마."

장례식을 치른 뒤 학교에서 만난 아이에게 나는 "괜찮을 거야"라며 등을 토닥여 주었다. 그 아이는 내 마음을 아는지 다음 날도, 또 그다음 날도 아무 일 없다는 듯 씩씩하게 나를 향해 손을 흔들었다. 모두가 같은 날인 것처럼….

어른이 되어 간다는 건,
끝을 알 수 없는 소용돌이 속에서도 살아남아 단단해지는 것.
사랑하는 사람이 바랐던 그 무언가를 기억해 주는 것.
그리고 영원한 것은 없다고 말하는 세상 속에서
단 하나의 '영원'을 품고,
때때로 그리움에 마음 놓고 울 수 있는 나이가 되어 가는 것.

상실의 시간을 보내고 있는 우리 모두는 규칙적으로 오고야 마는 시간의 패턴 속에서 어쩌면 인생의 아픈 계절을 보내며 그렇게 어른이 되어 가고 있는 것일지도 모르겠다.

01 어른이 된다는 건 배정화

그리움과 상실 그리고 사랑으로 마음에 위로를 더하는 책

『포플러의 가을』, 유모토 가즈미 지음
- 이 소설은 사랑하는 사람을 떠나보낸 아이가 남겨진 어른들과의 만남을 통해 세상과 감정, 이별을 받아들이는 법을 배워가는 이야기예요. 죽음을 주제로 하고 있지만 무겁지 않고, 조용히 마음을 안아 주는 위로가 담겨 있어요. 결국 이 이야기가 전하는 건, "슬픔조차도 누군가와 나눌 수 있을 때 우리는 조금씩 다시 살아갈 수 있다."라는 따뜻한 위로입니다.

김진옥

02 당신의 성실함이 부끄러운가요?

성실과 노력은 언제부턴가 부끄러운 미덕이 됐다. 그보다 영리함과 효율이 더 멋있는 이름이 되었다. 그건 아주 오래전부터 그랬을지도 모른다. 나는 그 멋없는 성실과 노력을 나의 가장 큰 무기로 살아왔다. 그게 천성인지 교육으로 인한 것인지는 모르겠다.

처음 성취감을 느끼고 인정을 받은 경험은 초등학교 입학 전 성당에서였다. 내가 그곳에서 칭찬을 받은 이유는 빠짐없는 참석, 미사나 교리에 조용히 앉아 손 모으는 행동 때문이었다. 나는 가만히 있기를 꽤 잘했다. 그게 예닐곱 살 때였다.

그 이후 초등학교에서도 소란 부리지 않고 가만히 앉아 있기를 잘했고, 듣기, 받아 적기 이런 것도 곧잘 했다. 일기 쓰기나 그림일기에 그림 그리기, 자잘한 만들기 숙제도 열심히 했다. 준비물도 많았던 그때 빠트리지 않으려 애썼다. 각종 글짓기 대회, 그림 그리기 대회도 입상 가능성은 크게 신경 쓰지 않고 매번 열심히 했다. 이어지는 선생님의 칭찬이 달콤했다.

이런 나와는 달리 세 살 터울의 오빠는 늘 건성으로 했고, 관심받

> 열심은 부끄러움이 아니라,
> 나를 살아가게 한 가장 큰 자산이었다.

기를 극도로 싫어했다. 오빠는 내가 집에서 학교 숙제를 하느라 바닥에 엎드려 몰두해 있으면 방문 가에 서서 비아냥거렸다. 그 단골 발언은 "뭘 그렇게 열심히 하냐, 그렇게 해서 되겠냐, 쓸데없이…."였다. 그런 말에도 꿋꿋이 하던 일을 했지만, 오빠가 한 말은 '나의 노력은 바보 같은 짓이다'라는 의심의 씨앗이 되어 마음속에 뿌리내린 듯했다. 노력에 대한 의심과 최선을 다하는 내 행동이 오랫동안 힘겨루기를 했다.

그렇게 나는 학창 시절 총명하지는 않았지만, 오로지 성실함만으로 적당히 우수한 성적을 거두게 됐다. 초등학교 때보다 중학교 때가, 중학교 때보다 고등학교 때 성적이 더 좋았다. 그건 아마도 부모님뿐만 아니라 나조차도 예상하지 못한 일이었다. 그 공부에서 얻은 성과는 나를 확인하는 하나의 방식이 되었으며, 동시에 내 정체성과 나에 대한 신념을 만들어 갔다.

학교가 힘들긴 했으나 그곳에서 비교적 편안함을 느꼈다. 그래서인지 학교가 직장이 되었다. 성인이 되어 교사로 학교에서 생활하는 것은 전혀 다른 차원이었다. 어릴 때는 '학생의 본분은 공부이니 공부에 전념해라'라는 말 하나로 많은 것이 면피 되었다. 성인이 되어서부터는 이야기가 달라졌다. 생활인으로서의 책임, 자녀 양육, 교육, 살림, 직장에서의 수업과 업무, 그리고 나 자신을 돌보는 일까지

해야 할 일이 셀 수 없이 많아졌다. 전과 같이 '뭐든 열심히만 하면 되지'라는 자세로 살았다가는 몸이 거덜 나 생활 자체가 불가능하게 됐다.

출산은 내가 지닌 에너지가 임계점에 다다랐음을 절감하게 한 계기였다. 그때부터야 비로서 효율이라는 것을 생각하며 일도, 가사도, 육아도 하게 되었다. 효율을 생각한다는 의미는, 내 기준에 다소 미치지 못하더라도 어느 정도에서 멈추고 적당히 타협을 감수하는 데 있었다. 오래된 관성이 그리 호락호락하게 바뀌지 않았다. 수업을 준비할 때는 '이걸 하나 더 얹자. 아니다. 이걸 바꾸자' 하며 매시간 수업을 고심했다. 수업과 평가에 관해서라면 새로운 시도에 무모할 정도로 서슴없었다. 특히 수행평가를 구상할 때면 해마다 다른 방식을 시험해 보고 싶었다. 하지만 동료 선생님은 달랐다. 짜임새가 확실하지 않다면 바꾸기를 거부했고, 안정된 방식을 더 선호하는 분이었다.

그런 차이로 갈등이 생겼다. 나는 오랜 고민 끝에 마련한 평가안을 보여 드리며 의견을 구했지만, 선생님은 사교육에 지친 학생들이 변화를 바라지 않으니 괜히 고생하지 말라며 "너무 열심히 하지 마세요"라고 덧붙였다. 내가 선배 교사였다면 '이 부분은 좋지만, 이 부분은 이렇게 고쳐 보면 어떨까요?'라고 좋은 점을 짚어 주며 대안을 제시했을 텐데, 그런 점이 아쉬웠다. 틀린 말은 아니지만, 조언을 받아들이기 어려웠다. 어딘가 나의 중요한 부분을 공격당한 기분이었다.

> 성실이 내 삶의 바탕을 이루었고, 그 위에 균형과 지혜가 얹혀
> 비로소 나를 지탱하는 힘이 되었다.

사나흘 동안 생각과 감정이 발효되기를 기다리다 보니 마음이 조금은 가라앉고 생각도 정리되었다.

첫째, 난 그 열심과 노력이라는 말을 부끄럽게 생각하고 있었다.

나의 긴 역사 속에 그 말은 자부심과 부끄러움, 칭찬과 비난이 뒤엉킨 단어가 되어 버렸다. 그래서 같은 말이라도 더 아프게 다가왔다.

둘째, 더 좋은 안이 아니라면 원래 안을 지키는 게 맞았다.

선생님도 처음부터 말리고 싶으셨을 거다. 다만 속마음을 드러내지 못하다가, 내가 평가안을 내밀자 마지못해 그런 말씀을 하신 듯했다. 옳은 말을 냉랭하게 하는 태도가 그 선생님의 특징임을 익히 알면서도, 그 순간에는 잊고 있었다. 깨달음은 있었지만, 동시에 내 성실함이 마치 잘못된 습관처럼 느껴졌다. 그래서 한순간은, 열심과 성실이라는 무거운 옷을 벗어버리고 싶었다. "제가 게을러서 대충했어요."라고 태연히 말하는 사람이 되고 싶었다. 별다른 성과도 보상도 없이 오히려 핀축만 사는 일개미 같은 내가 싫었다. 그러다 우연히 학교 도서관에서 내 마음 한구석에서 찾던 위로의 말을 발견했다.

"열심히 사는 걸 부끄러워하지 마."

― 『잘 될 수밖에 없는 너에게』 중에서, 최서영

'그래 이런 나 같은 사람들이 곳곳에 있구나'라는 생각에 위안이 됐다. 문제는 열심히 살아온 자세가 부끄러운 게 아니었다. 정작 부족했던 건, 그 미덕 위에 시간과 에너지를 어떻게 나누고 써야 할지에 대한 고민이었다. '너무 열심히 한다'라는 말에 과민 반응을 하다 보니 잠시 눈멀고 귀 먼 상황이 되었다. 여전히 자기가 하는 일에 마음을 쏟는 모습은 아름다운 일이다. 굳이 숨어서 아닌 척할 필요 없다.

성실한 삶에 자세를 갖는 데 도움이 되는 책

1. 『달리기를 말할 때 내가 하고 싶은 이야기』, 무라카미 하루키 지음
   - 한정된 자원을 최대한으로 활용하며, 소설가로서 또 달리는 사람으로 살아가는 이야기입니다.

2. 『내가 가진 것을 세상이 원하게 하라』, 최인아 지음
   - 저자는 성차별이 존재하는 직장에서 저자는 싸우기보다 자신이 잘하는 일에 몰두해 경쟁력을 키웠습니다. 그리고 조금씩 목소리를 내며 자기 자리를 찾아갔습니다. 이 책은 그 여정을 기록한 한 여성 멘토의 이야기입니다.

3. 『내일을 헤엄치는 법』, 이연 지음
   - 가장 힘들었던 시절, 성실히 수영을 배우며 몸과 마음을 회복한 이야기입니다.

김희영

03 엄마가 매일 성실한 이유는

우리 부모님은 성실하시다. 아버지는 33년간 한 직장에서 근무하고 퇴직하셨다. 연세가 여든이 넘은 지금도 단 하루도 거르지 않고 운동하신다. 어머니는 인터넷이 없던 시절에도 뛰어난 정보 수집가로서, 가족들 먹이고 가르치느라 항상 분주하셨다. 나와 동생을 키운 뒤 일을 시작한 어머니는 어느새 26년 차 커리어우먼이 되셨다.

모두 우리 부모님처럼 사는 줄 알았다. 세상 모든 사람이 시간을 잘 지키고, 할 일을 착실히 하며 산다고 생각했다. 나 역시 부모님처럼 살았다. 그분들처럼 묵묵히, 충실히 생활했다. 부모님이 보여 주신 삶을 따라 살았을 뿐인데, 어릴 적부터 성실하다는 칭찬을 많이 받았다. 학창 시절 지각이나 결석을 한 번도 하지 않았고, 숙제를 거르는 일은 상상조차 할 수 없었다. 부모님이 물려주신 성실 유전자가 있었기에 가능했다.

당연히 성실 유전자가 내 아이들에게도 이어질 줄 알았다. 부모님으로부터 내가 부지런함을 물려받았듯, 아이들도 자연스레 그럴 거라 믿었다.

"아이가 아직 도착하지 않아 연락드립니다."

"어머! 선생님, 죄송합니다. 잠들었나 봅니다. 빨리 가라고 하겠습니다."

"숙제가 미흡해서 수업 후 남아서 마무리하겠습니다."

"네? 분명 어제 다 했다고 했는데, 숙제가 안 되어 있나요? 선생님, 죄송합니다."

여러 선생님에게 사과를 반복하다 문득 궁금해졌다.

'이 녀석들 도대체 누굴 닮은 거야? 내 배에서 나온 내 자식들 맞아? 성실 유전자는 어디로 간 거지? 유전 법칙을 따르지 않는 거야?'

오디오북으로 이은경 작가의 『나는 다정한 관찰자가 되기로 했다』 서교책방, 2024를 듣다가 갑자기 정지 버튼을 눌렀다.

"우리의 엄마 됨이 감정이 아닌 태도이길 바라고, 일종의 삶의 방식이길 기대한다. 내가 하겠다고 기꺼이 자원한 엄마라는 역할을 성실하게 감당하는 것으로 형편없는 모성애를 용서하고 덮어 주길 바란다."

― 『나는 다정한 관찰자가 되기로 했다』 중에서, 이은경

이 책은 듣는 내내 공감됐다. 나처럼 고등학생과 중학생 자녀를 키우는 엄마가 쓴 책이기 때문이다. '자식 키우는 일을 감정이 아닌

> 성실한 태도는 엄마로서 할 수 있는 최선이자,
> 아이들을 사랑하는 가장 확실한 방식이다.

태도로 접근한다'라는 문구는 마음 깊은 곳을 시원하게 긁어 주는 효자손처럼 느껴졌다. 정확히 내가 추구하는 엄마 역할의 방식이었다. 종이책에 형광펜 밑줄을 그어야 직성이 풀릴 듯 싶었다. 책을 바로 주문했다.

엄마가 된 후로 나는 더 바른 생활을 했다. 드라마를 끊고 TV를 없앴다. 자극적인 맛 대신 건강한 음식을 만들고 먹었다. 매일 운동하고, 잠자는 시간을 줄여 가며 워킹맘으로서 주어진 일을 했다.

"엄마는 참 피곤한 스타일이에요. 왜 굳이 그렇게 힘들게 살아요?"

아이들은 엄마를 이해하지 못했다. 너희 때문이라고 하면 돌아오는 대답은 황당했다.

"그건 엄마 선택이잖아요."

말문이 막혔다. '사람은 발전해야 하고, 발전을 위해 매일 열심히 살아야 한다'라고 말할 순 없었다. 철학 책에나 나올 법한 말은 아이들에게 전혀 와닿지 않는다는 걸 알기 때문이었다.

이제야 알겠다. 엄마가 된 후 내가 더 바르게 성실히 사는 이유를. 단 하루도 늘어져 있지 않고 부지런히 움직이는 이유를. 나는 성실의 태도를 아이들에게 생생하게 보여 주며, 엄마로서 삶을 살아 내

는 중이다. 내가 지향하는 엄마 모습은 달콤한 말이나 감정보다는 매일 이어가는 성실한 실천이었다. 그동안 말로 다 표현하지 못했던 성실의 이유가 책을 통해 선명해졌다. 평범한 하루를 성실히 이어가는 작은 꾸준함이 아이들에게는 가장 따뜻한 가르침이자 무엇보다 값진 배움이 된다는 사실을 깨달았다. 반복되는 루틴은 내 몸과 마음을 건강하게 한다. 더 큰 목적은 아이들을 위한 엄마 역할이었다.

이은경 작가는 최근 마라톤을 시작했다.

"느림보 엄마가 늙은 몸을 이끌고 간신히 발을 옮기는 시간, 아이들은 각자의 목표를 향해 각자의 성실함을 무기 삼아 각자의 속도대로 달릴 것이다."

달리는 엄마는 아이들도 마라톤하듯 각자 삶을 성실히 살아가리라 믿는다. 책 속 자녀 교육 전문가 엄마는 달리고, 현실 속 좌충우돌 엄마는 아침 루틴을 한다. 미라클 모닝을 시작한 지 600일이 넘었다. 매일 아침 좋은 문구를 필사하고 긍정 확언을 실천한다. 가족이 일어나기 전 혼자 하는 미라클 모닝, 그 정체를 식구들은 정확히 알지 못한다. 미라클 모닝 자축 파티 사진을 가족 단톡방에 올렸다. 책에서라면 감동적인 축하 메시지가 왔을 텐데, 현실에서는 아무 반응

*엄마가 단단해질 때,
그 에너지는 아이들에게 전해져 그들의 성장 발판이 된다.*

도 없었다. 가족에게 엄마의 아침 루틴은 아무런 의미도 없을지 모르지만, 괜찮다. 미라클 모닝은 내 삶의 태도이자, 엄마로 살아가는 방식이니까.

매일 만드는 성실한 아침은 내 성장을 위한 시간이다. 동시에 엄마의 성장 에너지가 아이들에게 전달되기를 바라는 마음도 있다. 그 마음 담아 아들에게 편지를 썼다.

"아들아, 엄마는 엄마 위치에서 최선을 다해 성장할게. 같은 시각 아들은 아들 위치에서 나아가렴. 엄마가 만드는 힘과 에너지를 아들에게 팍팍 보낼게. 이 에너지 발판 삼아 아들도 최선을 다해 성장하길 기도한다."

엄마 눈에 아이들의 삶은 늘 미완성처럼 보인다. 숙제 하나만큼은 성실히 하라는 잔소리에 아이들은 말했다.

"숙제가 너무 많아요. 나름대로 열심히 하는 중이에요."

그래, 아이들은 각자 속도대로, 최선을 다하며 완성을 향해 가고 있다. 나름대로 하고 있다는 아이들에게 무슨 말을 더 할 수 있을까? 나는 아침에 일어나 루틴을 실천할 뿐이다. 성실 유전자가 유전의 법칙을 거스르고 내 아이들에게 전달되지 않았다고 해도 흔들리지 않는다. 더 성실히 엄마의 삶을 살아 내며 보여 주면 그것으로 충분

하다. 과거 우리 부모님이 살아오신 성실한 인생은 내 일상이 되었다. 지금 내가 지켜가는 성실함이 언젠가 아이들 삶에 스며들 때까지 엄마로 살아가는 방식을 계속해 나갈 생각이다.

왜 굳이 엄마는 피곤하고 힘들게 사느냐는 아이들 물음에 이제는 당당하게 답할 수 있다. 엄마가 매일 성실한 이유는 너희를 사랑하는 방식이라고. 그리고 성실한 태도는 엄마로서 할 수 있는 최선이라고.

> ### 작은 루틴으로 단단한 나를 성장시키는 책
>
> 1. 『김미경의 딥마인드』, 김미경 지음
>   - 김미경 강사님이 오랜 시간 자기 성장 경험과 수많은 이들과의 상담, 교육을 통해 발견한 '진짜 나로 살아가는 법'에 대한 이야기입니다. 겉으로만 화려하거나 성취 중심의 자기 계발이 아닌, 깊은 내면을 들여다보며 삶의 방향을 다시 설정할 수 있도록 돕는 책입니다. 나다운 삶이 무엇인지 고민하는 분, 마음의 루틴을 새롭게 만들고 싶은 분에게 추천합니다.
>
> 2. 『조금씩 매일 꾸준히 하루 1%의 기적』, 김희영 외 지음
>   - 소박한 실천이 쌓여 삶을 변화시키는 과정을 여과 없이 보여 주는 공저 책입니다. '조매꾸'라는 말로 대표되는 '조금씩, 매일, 꾸준히'의 정신이 핵심 메시지입니다. 하루 1%씩 성장하는 그 작은 시도들이 모여 일상에 얼마나 큰 영향을 주는지 실제 사례를 통해 전해 줍니다. 루틴을 시작하고 싶거나 다시 흔들릴 때 돌아갈 기준점이 필요한 분들에게 큰 공감과 용기를 주는 책입니다.

안나진

04 어른을 지켜보는 어린이가 있다

24년째 교사로 일하며 매 학기 말이면 늘 정신이 없다. 아이들의 학교생활기록부에 적어야 할 항목이 수두룩하기 때문이다. 교과별 성적만 해도 적게는 다섯 개에서 많게는 열 개에 달한다. 거기에 자율활동, 동아리 활동, 진로 활동, 종합적인 행동 발달에 대한 기록까지 여러 영역을 꼼꼼히 관찰해 기술해야 한다.

평소에도 늘 아이들을 주시하는 입장에서 "교실에서 뛰면 안 돼.", "연필을 그렇게 잡으면 위험해.", "청소는 이렇게 해야지.", "발표할 때는 말이야…" 등 아이들을 향해 내리는 끝없는 평가. 마치 태어날 때부터 '평가자'로 살아온 것처럼 구는 나에게, 어느 날 김소영 작가님의 책은 묵직한 한 방을 날렸다.

"어른들이 어린이를 보듯이, 어린이도 어른을 본다. 이웃과 이웃으로서. 어딘가에 '세상이 이런 곳이구나' 하고 가만히 지켜보는 어린이가 있다는 걸 잊지 않으려고 노력한다. 어린이가 세상을 어떻게 보느냐에 따라 다가올 세상이 달라질 거라는 당연한 사실을 사람들이 많이 생각해 보면 좋겠다."

- 『어떤 어른』 중에서, 김소영

어른들이 어린이를 보듯이
어린이도 어른을 본다.

어른들이 어린이를 보듯이 어린이도 어른을 본다니. 나를 가만히 지켜보는 어린이가 있다니!

그렇다. 어린이는 세상에서 가장 뛰어난 관찰자인데, 스무 해 넘게 교사로 일하고 있는 내가 그걸 잊고 있었다니.

3년 차 교사였던 2004년, 아이들에게 받은 성적표를 아직도 가지고 있다. 당시에는 교원평가제도 같은 공식적인 평가는 없었고, 저경력 교사였던 나는 아이들에게 인기가 많다는 자부심과 치기 어린 발랄함으로 교사로서 성적표를 받아 보고 싶었다.

'마음으로 매기는 성적표'라는 제목 아래 3학년 4반 0번 안나진. 내 이름 옆의 담임 성명란에는 아이들의 이름이 또박또박 가지런히 적혀 있다. 처음 해 보는 활동이라 혼자서는 표 하나를 다 채우기가 힘들 것 같아 짝꿍과 함께 둘이서 한 장의 성적표를 완성하도록 했다.

표는 과목과 점수, 담임 선생님 의견란, 이렇게 세 칸으로 나뉘고, 마지막 줄은 한 칸으로 통합된 종합 의견란이다. 아이들이 내게 준 이 귀엽고도 솔직한 성적표는 볼 때마다 웃음이 나기도 하고 마음 한구석이 뜨끔하기도 하다.

아이들이 만들어낸 과목명은 지금 봐도 기발함에 보는 재미가 쏠쏠하다. 국어, 수학, 도덕 등의 실제 과목명도 있지만, 성격, 놀아주기, 외모, 친절함, 노래, 행사, 스타일, 게임, 심지어 결혼까지! 열 살

아이들의 시선에서 탄생한 재미난 과목명과, 거기에 매겨진 점수는 0점부터 무려 100,000점까지다. 선생님의 점수보다 훨씬 후한 그들의 통 큰 마음에 감탄한다. 역시 청출어람이다.

음악	90점	기타를 잘 치신다.
깔끔함	99점	파란 필통이 정리가 안 되어 있다.
가르침	100점	공부를 재미있게 가르쳐 주신다.
행사	100점	생일파티나 장기자랑, 오목대회 등 행사를 많이 했다.
국어	50점	(내가) 발표를 잘했는데 칭찬을 잘 안 해주신다.
성격	100점	우리들이 잘못하면 콕 집어주는 점이 좋다.
체육	1,000점	그냥 냉정하게 하지 않고 즐거운 마음으로 체육을 하신다.
과학	70점	과학실을 웬만하면 갔으면 좋겠다.
학급	10,000점	우리가 건의 사항을 할 때 들어주실 수 없는 것도 해보려고 하시고 우리 교실을 위해 애쓰셨다.
외모	100점	항상 웃으시는 게 좋다.
바른생활	100점	예절을 잘 가르쳐 주셨다.
사회	99점	너무 잘하셨지만 정확하게 말씀해 주셨으면 한다.
창의력	100점	우리가 생각지 못한 아이디어, 완벽하다.
사용권	100,000점	다른 선생님은 안 해 주시는데 우리 선생님은 특별하시다.
결혼	0점	결혼을 하시지 않았다. 이번 해에는 꼭 하세요!
종합의견	· 우리에게 즐거운 모습을 보여주시며 수업 시간을 조용하게 만드신다. · 우리 학급을 책임지시며 함께 즐거운 1년을 보내셨다. · 조금 부족한 점은 있지만 조금 있으니 다행이고, 100점 맞은 것은 앞으로도 쭉 지켜주세요.	

내게 파란 필통이 있었는지 지금은 전혀 기억나지 않지만, 정리를 못 하고 덜렁대는 성격을 고스란히 아이들에게 들켰던 모양이다. 체육 시간은 아이들만큼 즐거워하며 함께하였으나, 사회 시간에는 교

재 연구 부족으로 명확하게 설명해 주지 못한 부분도 있었구나. 짝꿍 선택권, 숙제 면제권, 선생님 댁 방문권 같은 쿠폰 제도는 아이들의 마음을 사로잡았나 보다. 그 대신 아이들이 흡족해할 만큼 과학실을 자주 가 주지는 못했고, 발표 시 칭찬에 인색했구나. 3년 차 교사로서의 내 모습을 아이들의 날카로운 관찰력과 솔직한 한 줄 평에서 되돌아볼 수 있었다.

올해 만난 2학년 아홉 살 꼬맹이들도 불쑥불쑥 예상치 못한 질문을 던져 나를 놀라게 한다.
"선생님은 왜 맨날 화장실 끝 칸에만 들어가세요?"
　　　　　　　　　　　　　(어머! 뭘 그런 것까지 알고 있니!)
"선생님은 1반 선생님하고만 친하죠?"
　　　　　　　　　　　　　(아이고, 티가 났구나.)
"선생님 오늘은 왜 급식 조금밖에 안 드세요?"
　　　　　　　　　　　　　(흠흠, 교사도 편식하면 안되는데….)

순간 당황스럽지만 그런 물음 속에 담긴 아이들의 시선이 오래 마음에 남는다. 어쩌면 매해 만나는 우리 반 아이들에게 나는 가장 오랜 시간, 가장 가까이에서 만나는 어른일지도 모른다. 담임 교사의 말 한마디, 행동 하나하나까지 지켜보는 아이들이 있음을 늘 기억해

> 무심한 나의 하루가,
> 누군가에겐 근사한 어른의 모습이기를.

야겠다. 내가 그들의 세상을 구성하는 일부임을 잊지 말아야겠다.

앞으로 만나게 될 아이들의 마음속 성적표 한 장에는 '조금은 괜찮은 어른이었다.'라고 기록되기를 바란다. 그래서 오늘도 책을 펼쳐 마음에 닿은 문장을 따라 쓰며 매일 조금씩 어른스러워지기를 연습한다. 늘 곁에 있는 아이들 덕분에 나는 더 나은 어른이 되고 싶다는 꿈을 꾸게 됐다. 어린이들에게 고마운 인생이다. 그들에게 조금 더 살만한 세상을 만들어 주는 것으로 보답해야겠다.

근사한 어른이 되는 데 도움이 되는 책

1. 『어린이라는 세계』, 김소영 지음
   - 어른이 된 지 너무 오래되어 어린이의 마음을 잊어버린 우리에게, 어린이의 세계를 조곤조곤 들려줍니다.

2. 『나도 아직 나를 모른다』, 허지원 지음
   - 내 안에 적이 없으면 세상 그 무엇도 나를 해치지 못한다고 합니다. 어른이 된 당신은 수많은 외상적 경험과 좌절에도 살아남으려 노력한, 존중받아 마땅할 오늘의 생존자라고 말해 줍니다.

3. 『즐거운 어른』, 이옥선 지음
   - 세상을 바라보는 70대의 시선을 대리 체험할 수 있습니다. 지구 한 귀퉁이에서 덤덤하고 조용하게 사는 즐거운 어른의 삶을 경쾌하게 보여 줍니다.

안지은

05 위선으로 지켜 내는 배려의 순간

"가식의 영역 안에서, 비록 속내를 허심탄회하게 나누고 속속들이 모든 걸 말하지는 않았지만, 서로에게 끝까지 좋은 사람이고자 하는 노력과 노력이 만나 빚어내는 존중과 다정이 존재했다."

— 『다정소감』 중에서, 김혼비

나무위키에서는 '가식'이라는 단어의 뜻을 '말이나 행동 따위를 거짓으로 꾸밈'으로, '위선'의 뜻을 '거짓된 선, 겉으로만 착한 척하는 위장술'로 정의하고 있다.

어릴 때 뭣 모르고 썼던 '가식적', '위선자'라는 말이 그야말로 귀여운 수준의 험담이자 때로는 질투였다면, 나이가 들면서 만난 사람들은 이 단어들을 사뭇 심각하게 단계별로 형상화하기에 이르렀다. 그런 친절한 노출에도 불구하고 이 단어들을 의식적으로 멀리하려 했던 것은 별로라 여겨지는 것을 누군가를 향해 사용하고 싶지 않아서였다. 그런데 이 책을 읽고 위선, 위악, 그리고 가식에 대한 새로운 시각을 갖게 되었고 분명한 정의와 구분이 필요하다는 생각이 들었다. 무심코 사용했던 단어에 대해 어떤 깨달음을 얻을 때, 또 한 번

작가의 위엄을 느낀다.

위악: 본심과는 다르게 일부러 자신을 남에게 악하게 보이도록 드러내는 태도 및 행위

생각을 말과 행동으로 나타내는 동안 표현되는 내용과 일치하든 아니든 그 바탕에는 어떤 심리든 깔려 있기 마련이다. 위악의 정의에서는 '본심과는 다르게'가 중요한데 누군가의 본심을 어떻게 알 수 있을지. 자기 자신조차 확실히 알 수 없는 본심을 다른 사람이 선인지 악일지 알 방법이 있냐는 말이다. 타인으로서 우리는 기껏해야 보이고 느껴지는 대로 상대의 본심을 짐작할 수밖에 없는데, 그 태도와 행위의 빈도가 잦고 자연스러우면 그것은 본심이라고 봐야 하지 않을까.

선과 악의 구분이 애매하다는 점은 차치하고, 천사와 악마 캐릭터 사이에서 고민하는 주인공 묘사처럼 모든 인간의 마음에는 선과 악이 있다. 매 순간 우리는 선과 악의 속삭임에 흔들리고 휘둘린다. 절대적인 선을 가진 사람도 절대적인 악을 가진 사람도 없다. 이렇게 생각할 때 위선, 위악이라는 말은 모호해 보인다. 잘 꾸며 내면 위선이 아닌 것이 되고 티가 나게 꾸미면 위선이 될까? 표현 방식이 어설프면 내용에 관계없이 악이 아닌 위악이 될까? 그런 맥락에서 듣는

무례한 솔직함보다,
다정한 위선이 더 큰 배려다.

사람의 입장에서 좋은 내용의 말이라면 그냥 선으로, 어쩐지 불쾌하고 못마땅한 말이라면 그 속내를 짐작할 필요도 없이 악으로 단순하게 생각할 필요도 있어 보인다. 선 또는 악을 꾸미려는 의도 자체로 이미 둘 중 하나에 포함된 것일 수 있다. 물론 그렇게만 볼 수 없는 상황도 있겠지만, 어느 정도의 불완전함과 어설픔은 서로 봐주면서 말이다.

나는 솔직한 사람이 무섭다. "솔직히 말해서…"라고 시작하는 말을 들으면 긴장부터 된다. 상대의 솔직한 말로 내가 다칠까 봐 무섭고 함께하는 자리의 분위기가 나빠질까 걱정도 된다. 과연 솔직함은 미덕일까. 생각나는 그대로 말하는 것은 과연 자랑할 만한 솔직함인가. 상대의 기분을 고려하지 않은 말이 솔직함으로 포장되어 선의 영역에 포함되어도 될지 모르겠다. 상대가 좋아하지 않을 것을 알면서 어쩔 수 없다는 듯 뱉어 버리는 말들, 그 말의 주인들은 한없이 후련한 마음일까. 그런 솔직함, 전혀 궁금하지 않다. 무례한 솔직함보다 다정한 위선이 좋다. 가끔은 눈에 다 보이는 가식과 위선으로라도 자신의 말과 행동을 꾸밀 필요가 있다. 솔직함이 터져 나오려는 순간, 상대의 기분을 생각해 거짓으로라도 꾸며 보려고 노력해야 한다. 이런 걸 배려, 존중이라고 하지 않나. 갑자기 툭 치고 들어와 상처를 주는 솔직함보다 조심스러운 배려와 존중의 가치가 더 우선되

> 눈치로 평하된 배려도 있었다.
> 그러나 그 다정한 눈치 덕분에 우리는 여전히 서로를 지켜 왔다.

는 따뜻한 사회를 원한다.

 가끔 배려와 존중이 '눈치 보기'로 뭉뚱그려 폄하되는 것 같아 속상할 때가 있다. 나는 다른 사람의 표정이나 기분에 신경을 많이 쓰는 편이다. 이런 내 모습이 장점이기보다 단점이라고 여겨지는 때가 많았는데 스스로 당당하지 못한 듯, 위축된 듯 보였기 때문이다. 자존감 문제라고 생각해 그와 관련된 노력도 많이 해왔다. 그런데 최근, 부족한 내 자존감 탓도 있겠지만 존중과 배려보다 눈치 보지 말기를 강조하는 사회와 내가 맞지 않아서 일 수도 있겠다는 생각이 들었다. 어릴 때는 분명 배려하고 양보해야 한다고 배웠는데, 어른이 된 뒤에 만난 세상은 그동안 배운 것들이 다 옳은 것은 아니라고, 구식 유물인 양 취급하는 것도 같다. 상대를 배려하고 이해하기보다는 내 것을 챙기고 내 할 말을 해야 한다는 메시지가 먼저다. 경쟁을 부추기는 우리 사회의 모습을 생각하면 이해가 되면서도 참 씁쓸하다. 누군가에게 나는 항상 남의 눈치를 보고 손해 보는 사람으로 보이려나.

 우습게도 이런 이야기를 나누다 보면 여기저기 나 같은 사람이 있다. 자신이 작아진 순간을 털어놓으며 대신 안타까워하기도 하고 때로는 왜 똑같이 상대하지 않았냐며 분노하기도 한다. 그렇게 서로 위로를 나누다 문득 깨달았다. 그 순간에도 배려와 존중은 늘 있었다. 조심스레 배려하는 사람들의 다정함 속에서 그렇지 않은 사람들

이 눈에 띄었을 뿐 배려는 주변 곳곳에 있었다. 자연스럽게 스며든 그 배려 덕분에 나 역시 배려를 배우고, 배려가 아닌 것들을 골라낼 수 있었다. 돌이켜 보면 배려가 아닌 순간을 알아차리고 반응했듯 배려의 순간에도 익숙해지지 말고 긍정 반응을 해야 했다.

앞으로 더 적극적으로 눈치를 보면서 모두의 위선을 지키고 응원하려 한다. 꾸밈이 완벽하지 못할지라도 선으로 향하려는 그 과정을 좇으며 배려의 순간을 넓혀 가고 싶다.

배려의 순간을 넓혀가는 데 도움 되는 책

1. 『다정한 것이 살아남는다』, 브라이언 헤어, 버네사 우즈 지음
   - 과학, 철학, 정치, 사회 다양한 측면에서 다정함의 위력을 살펴봅니다. 인간이 살아남을 수 있는 유일한 비결은 더 많은 친구를 만드는 것뿐이라는 말이 호소처럼 느껴집니다.

2. 『이처럼 사소한 것들』, 클레어 키건 지음
   - 섬세한 이야기 전개와 실제적인 묘사로 감정이 너무 이입되어 고민스럽지만 읽을 때마다 새롭습니다. 가벼운 분량 속에 묵직한 메시지를 담은 소설. 어떻게 사는 것이 옳은 것인지에 대해 생각하게 됩니다.

배수경

06 아름다운 실수

'만일'이라는 단어는 한동안 나의 즐겨찾기에 없었다. 치열하게 살아왔던 시간을 뒤로하고, 어느덧 '만일 나에게 다시 시간이 주어진다면'을 떠올리는 마흔 즈음의 나이가 되었다.

생의 마지막을 알기에 지나온 시간을 반추하며 적어 나간 책이 『모리와 함께한 화요일』이라면, 『만일 내가 인생을 다시 산다면』은 현재 진행 중인 저자의 삶 속에서 느껴지는 진솔함이 가득하다. 파킨슨병으로 온몸이 굳어지는 20여 년의 시간을 지나온 김혜남 작가님이 인생을 다시 산다면 어떤 선택을 할지 그 진정성이 책장을 오래도록 붙들었다. 정신분석학자로 지나온 시간과 아내, 엄마로 살아온 시간이 켜켜이 쌓여 후배들에게 전하는 인생 이야기가 담겨 있다.

책을 읽는다는 것은 저자의 지나온 시간을 함께 추억하는 일이다. 글 속에서 저자의 삶을 만나며 나의 과거에 머문다. 저자의 깨달음에서 지혜를 얻는다. 나는 감히 경험하지 못할 삶을 대리 경험한다. 저자와의 20년 시간 여행을 떠나며 발견한 이 문장은 앞으로 펼쳐질 삶의 여정에 '여유'를 선물해 주었다.

여든이 훌쩍 넘은 나이에 깨달은 인생의 지혜는
더 많은 실수와 마주하겠다는 용기이다.

"만일 내가 인생을 다시 산다면 이번에는 용감히 더 많은 실수를 저지르리라. 느긋하고 유연하게 살리라."

– 『내가 만일 인생을 다시 산다면』 중에서, 김혜남

미국 켄터키주의 어느 산골에 살던 할머니 나딘 스테어가 85세에 썼다고 알려진 시가 이 책의 제목이 되었다. 저자의 마음을 대변하기에 붙여진 이름이다. 여든이 훌쩍 넘은 나이에 깨달은 인생의 지혜는 더 많은 실수와 마주하겠다는 용기이다. '실수'라는 단어 앞에 '용감히', '더 많은'이라는 단어를 붙인 것에 한참을 머물렀다.

아직 먼 미래 같지만, 여든이 된 나를 미리 마주한다. 지금보다 더 많은 용기가 필요한 실수의 계절이다. 나의 실수는 내 뒤를 따라오는 이를 위한 발자국이 된다. 흐트러짐 없는 완벽한 모습으로 내 지나온 발자국을 모두 지워 버린다면, 뒤따라오는 이들은 갈 길을 잃어버린다. 나의 실수에 관대해져야, 만나는 이들의 실수에도 관대해질 수 있다.

나의 실수에 관대해진 경험은 초등학교 시절, 한자 교실에서였다. 한자 교실 선생님은 우리 마을 최고령 할아버지이셨다. 방학마다 손주 같은 아이들에게 한자를 알려 주시는 훈장님의 새하얀 머리와 돋보기 안경이 선명한 기억으로 남아 있다. 임금 군君을 처음 배우던

날이었다. 한 획씩 정성을 다해서 한자를 쓰고 검사를 맡았다. 그때 훈장님께서 인자한 미소를 지으며 하신 말씀이 어렴풋이 기억난다.

"임금 군君자가 ㄷ을 거꾸로 쓴 것처럼 생겼지? 그래, 한글 공부를 잘했는걸."

한자의 좌우가 헷갈렸던 그 순간, 실수가 웃음거리가 되지 않았다. 오히려 내 실수는 인자한 미소와 함께 한글 공부를 열심히 한 아이가 되어 있었다.

마흔의 나이가 되어서도 그날을 기억한다. 대화는 정확히 생각나지 않지만, 분위기는 선명하게 기억한다. 내 실수가 부끄러운 것이 아니라는 훈장님의 따뜻한 메시지였다. 누구나 그럴 수 있다는 여유였다.

'그럴 수 있어. 나도 그래.'

그날의 마법 문장은 나에게 오래도록 남아 울려 퍼지고 있다. 이 울림은 우리 반 친구들에게도 흘러가고 있다.

초등 2학년 교실에서 받아쓰기 시간이 되면, 할아버지 훈장님의 여유로운 미소가 떠오른다. 나처럼 한글 모양을 잘못 기억하는 꼬마 학생들이 가득한 교실. 세상에 없는 기이한 겹받침을 만들어 내는 창의로운 교실. 덕분에 추억 서랍을 이따금 열어보며 우리반 친구들에게 훈장님의 메시지를 전한다.

"그럴 수 있어요. 선생님도 그랬어요."

우리 반 친구들의 실수에 좀 더 관대해지려면, 나의 실수를 떠올리는 여유가 있어야 한다. 그 영역이 넓어질수록 아이들을 포용할 수 있는 크기가 커지기 때문이리라.

"선생님, 우리가 맛있게 먹는 브라우니 있잖아요. 그건 요리사가 깜빡하고 베이킹파우더를 안 넣어서 만들어진 거래요."

"초코칩 쿠키도 초코 반죽이 부족해서 옆에 있던 초콜릿을 넣었대요. 근데 초콜릿이 녹지 않고 그대로 있어서 맛있는 초코칩 쿠키가 되었대요."

실수로 만들어진 발명품과 요리는 아이들의 마음을 말랑말랑하게 만든다. 실수를 발견하는 재미난 놀이가 된다.

"선생님, 이것도 아름다운 실수예요?"

실수가 아름다울 수 있을까? 꼬마 학생들의 실수를 너그럽게 바라보아 주는 훈장님의 눈에는 아름답게 남아 있다. 아마도 지나온 세월을 통해 쌓아 올린 시행착오가 그 여유가 되었으리라.

내 삶에서 아름다운 실수의 영역이 점차 더 넓어지기를 바란다. 먼 훗날, 인자한 미소의 '여유'를 지닌 할머니가 되기 위해 오늘도 나직이 읊조린다.

만일 내가 인생을 다시 산다면,

용기 있게 나만의 재미를 발견하리라.

아름다운 실수를 통해서!

아름다운 실수를 발견할 당신을 위한 책

1. 『아름다운 실수』, 코리나 루켄 지음
   - 실수를 통해 성장하는 우리 모두를 위한 그림책입니다. 캔버스에 찍은 작은 얼룩 한 점이 자그만 실수로 남을 수도 있고 위대한 생각의 씨앗이 될 수도 있습니다. 놀라운 상상력과 짜릿한 반전을 통해 실수는 실패가 아니라 또 다른 시작임을 전하는 희망과 위로의 메시지입니다.

2. 『실패를 해낸다는 것』, 최재천 지음
   - "실패를 개인에게 돌리지 말라, 누구나 실패할 권리가 있다." 성공과 실패에 대한 고정관념을 깨고 막연한 실패의 두려움을 넘어 새롭게 도전하도록 동기 부여를 해 주는 책입니다.

3. 『당신과 나 사이』, 김혜남 지음
   - 너무 멀어서 외롭지 않고 너무 가까워서 상처 입지 않는 거리를 찾는 법을 알려 줍니다. 건강한 거리두기와 알아차림, 화해에 대한 메시지가 담겨 있습니다.

김영미

07 다른 인생이 준 선물

어느 날, 한 학생이 반쯤 감은 눈으로 보건실 문을 열고 들어왔다. 들어서는 발을 보자마자 '양말 안 신었구나?'라는 말이 나가려다 멈췄다. 맨발에 슬리퍼를 신은 학생, 내 눈은 모른 척하려 했지만, 나의 잔소리 대상이다.

학생은 머리가 아프다고 했다. 수축기 혈압이 150mmHg가 넘었다. 요즘 잠을 못 잤다고 해서 1시간 쉬게 해 주었다. 시간이 지나고 아픈 머리는 조금 나아졌다고 했다. 다시 측정해 본 혈압은 여전히 150대였다. 중학교 때도 혈압이 높고 맥박이 빠르다는 소리를 들었다고 한다. 하지만 병원에는 가지 않았다고 했다. 밤에는 자는 시간을 줄여 만화 작업을 하고, 밤에 잠을 못 자니 낮에는 수업 시간 동안 졸다 깨기를 반복한다고 했다. 며칠 동안 측정한 혈압 기록을 건네며 병원 진료를 권했다. 병원 진료 후 아이는 고혈압 약을 복용하기 시작했고, 적응 기간 동안 보건실에서 혈압을 측정하기로 했다.

혈압을 측정하러 올 때마다 우리는 이런저런 이야기를 나누었다.

"양말 좀 신고 다니겠니?",

"밤에는 잠을 좀 자야지.",

"아침 급식 먹고 등교해라."

전교생이 기숙사 생활을 하는 학교라 가정의 잔소리에서 멀어져 있으니, 나라도 해야 한다.

얼마 후, 아이는 평소처럼 보건실을 찾았다. 혈압을 재려는 줄 알았는데 갑자기 몸을 기울이더니 조용히 속삭였다.

"선생님, 저 내일 학교 자퇴해요."

순간, 어? 갑자기? 아이의 표정은 흔들림 없이 단호했다. 아이는 이미 애니메이션 회사의 작업을 하고 있었고, 확신이 서기까지 기다렸다가 나에게는 꼭 말하고 떠나고 싶었다고 했다. 밤에 하던 작업이 회사의 작업이었다고 한다. 밤에 잠을 못 자니 생활 패턴이 불규칙해졌고, 결국 자퇴를 선택했다고 했다.

"저, 중학교 때도 학교를 떠나 봐서 어떻게 살아야 하는지 알아요. 그래서 이번엔 시간 아깝지 않게 열심히 할 거예요."

막연한 고민이 아니라 확고한 꿈을 위해 자퇴를 선택한 아이. 나와는 다른 세대라 내가 살아온 방식과 다르지만, 대견하다고 응원해 주고 싶었다. 나는 보건실을 나서는 아이에게, 꿈이 꽃처럼 피어나길 바라며 직접 만든 뜨개 동백꽃을 선물했다. 새로운 길로 떠나는 아이를 보며, 문득 나 역시 병원을 떠나 학교로 왔던 때가 떠올랐다.

　내가 병원에 들어간 해는 IMF가 정리되던 때라 졸업 후 기다림 없이 입사할 수 있었다. 병원에서 독수리 오 자매로 불리는 5명의 동기를 만났고, 우리는 7년 동안 환자들과 동고동락했다. 그러나 동기들이 하나둘 병원을 떠나고, 결국 나도 보건 교사라는 길을 가기 위해 병원을 떠났다.

　남들은 병원보다 학교가 편하지 않으냐고 하지만, 혼자 일하는 보건실은 병원과 완전히 다른 부담감이 있다. 병원에서는 응급 상황이 생기면 동료들이 달려와 도와주었고, 일이 끝나면 이야기를 나누며 힘들었던 하루를 정리했다. 하지만 학교에서는 모든 걸 혼자 감당해야 한다.

　병원을 떠나 시작한 학교생활도 어느덧 17년이 흘렀다. 그러나 시간이 지나도 여전히 혼자 일하는 학교는 낯설고, 함께 일하던 병원은 그립다. 어린 나이에 직업과 관련된 전공을 선택한 아이들이 있는 학교에 근무하다 보니 이 아이들이 졸업 후 어떤 직업 환경에서 일할지 생각해 보게 된다. 직업 환경에서 가장 중요한 것은 함께 일하는 사람이다.

　그렇게 아이는 자퇴로 학교를 떠났다. 그날 급식을 먹고 나오는데, 교정의 은행나무가 노랗게 물들어 있었다. 미처 보지 못하고 떠난 아이를 위해 급식실 앞 노란 은행나무 사진을 찍어 보냈다. 류시화의

> 일터의 무게를 덜어 주는 건 환경이 아니라,
> 곁을 지켜 주는 사람이다.

『내가 생각한 인생이 아니야』 책과 함께 짧은 메시지도 보냈다.

"인생은 기대한 대로만 흐르지 않을 수 있어. 주위에 있는 모두가 너에게 힘을 주고 도와준다면 좋겠지만, 어느 직장이나 나름의 힘듦이 있어. 그중에 한 명, 그중에 한순간 좋은 점을 발견하고 너도 그들에게 그런 존재가 될 수 있도록 잘 가꿔 나가 봐. 하고 싶은 일을 할 수 있는 재능이 있다는 건 정말 축복받은 일이야. 그리고 그걸 직업으로 갖는다는 것은 더욱 행복한 일이고."

학교라는 곳은 내가 기대했던 것과 다른 '다른 인생'이다. 내게는 '다른 인생'에서 만난 사람들이 있다. 얼마 전 『감자보건실, 오늘도 영업 중!』이라는 강원도 보건실에 관한 공저 책을 출간했는데, 공저 책 작업을 함께한 강원도 보건 교사들과의 만남 덕분에 내 마음이 병원을 떠날 수 있었다. 보건실에서 혼자 일하는 외로움은 이들과의 만남 덕분에 사라지고 있다. 한 학교에서 함께 일하지 않더라도 든든한 동료가 있다는 사실을 깨달았다. 강원도에서 앞서 보건 교사를 하는 후배가 있어서 든든했고, 새롭게 만난 동료들이 든든했다. 일이 힘들어도 함께하는 이가 든든하면 그 무게를 나눌 수 있다고 생각한다. 이들이 내가 선택한 '다른 인생'이 준 가장 큰 선물이고 내가 발견한 삶의 보물들이다. 학교를 떠난 아이도 언젠가, 기대하지 않았던 선물 같은 사람들을 만나는 인생을 살아가길 바란다.

"삶은 발견하는 것이다. 자신이 기대한 것이 아니라, 기대하지 않았던 것을. 인생이 주는 가장 큰 선물은 '다른 인생'이다."

— 『내가 생각한 인생이 아니야』 중에서, 류시화

새로운 인생 공부 시작에 도움이 되는 책

『내가 공부하는 이유』, 사이토 다카시 지음
- 사이토 다카시는 이 책에서 "어떤 상황에서든 배울 것은 반드시 있으며 그것을 찾아내는 것은 전적으로 본인에게 달렸다."라고 합니다. 어디에서라도 내가 배울 것이 있다는 것을 스스로 알아차렸으면 좋겠습니다.

김혜경

08 더 늦기 전에

　아이들이 어릴 적, 직장 다니는 딸이 힘들까 봐 친정엄마는 짧게는 2주, 길게는 두 달씩 우리 집에 머물며 살림을 도와주셨다. 출근 준비로 분주한 나를 방으로 들여보내고, 엄마는 아침상을 정성껏 차리셨다. 딸과 사위, 손자를 위한 밥상이었다. 뚝배기 밥, 뜨끈한 찌개, 달걀부침과 나물이 놓인 상 앞에 앉으면 하루가 든든했다. 퇴근해 돌아오면 집 안이 말끔히 청소되어 있었고, 또 다른 반찬의 저녁상이 기다리고 있었다.

　무엇보다 아이들은 하교 후 외할머니가 있다는 사실만으로 편안한 얼굴을 지었다. 숙제를 마친 아이들은 외할머니와 마주 앉아 과일을 먹으며 도란도란 이야기를 나눴다. 어떤 날은 아파트 놀이터에서 나의 퇴근 시간까지 마음껏 뛰어놀며 행복하게 웃었다.

　감사한 마음이 컸지만, 함께 지내는 시간이 길어질수록 엄마의 애정 어린 당부는 어느새 잔소리처럼 들렸다. 나는 그 사랑을 온전히 품지 못하고, 때로는 짜증으로 되받았다.

　"반찬만 많이 먹지 마, 짜다. 밥이랑 같이 먹어야지."

　"밤늦게 기름진 것 먹고 자면 안 돼. 애들이 시켜 달란다고 다 시

켜 주지 마. 아이들은 엄마가 해 주는 음식으로 거둬 먹여야 해."

"뇌 망가진다. 잠이 보약이야. 무슨 일을 혼자 다 하냐? 얼른 자라."

"허리 다친다. 무거운 건 사위한테 맡겨."

"혼자 걷지 말고 가족 다 함께 걷지. 사람은 모름지기 햇볕을 쬐어야 해."

"자신을 소중히 가꿔야 해. 그래야 남도 너를 소중하게 여긴단다."

처음엔 "네, 알겠어요." 공손히 답하다가 "네, 네, 알겠어요.", "알겠다고요. 내가 알아서 한다고요." 점점 목소리 톤이 높아지고, 짜증 섞인 말투가 튀어나왔다.

몇 해 전부터 내 몸은 이상 신호를 보냈다. 건강검진에서 새로운 위험 요소가 발견되자, 엄마의 말씀이 영화처럼 스쳐 갔다. 그때 귀 기울이지 못한 게 후회로 밀려왔다.

지금은 내가 두 아들에게 엄마의 말을 그대로 따라 하는 나 자신을 발견할 때가 많다. 밤늦게 치킨을 시켜 달라 하면 "밤에 기름진 거 먹으면 안 된다."라는 엄마의 목소리가 귓가에 맴돈다. 나도 모르게 엄마의 말투를 빌려 아이들에게 건넨다. 잔소리로만 들리던 말들이, 지금은 내 아이들을 키우는 힘이 되고 있었다.

"미안하다고 해야 할 사람들, 사랑한다고 말해야 할 사람들, 고맙다 할 사람들, 존경한다 해야 할 분들, 너무 늦지 않게 다시 만나야 할 사람들의 버킷리스트는 갖고 계신가요?"

— 『우리가 인생이라 부르는 것들』 중에서, 정재찬

    책장을 덮고 나니, 엄마께 미안함이 더 크게 다가왔다. 훗날 곁에 안 계실 때 후회만 남지 않도록, 엄마의 말에 귀 기울이자고 다짐했다. 장녀라는 이유로 책임감에 묶여 마음을 드러내지 못했던 내가 조금씩 변해갔다.
    일주일에 전화 한 번 하지 않던 내가 요즘 두세 번씩 꼭 통화한다. 엄마의 생활이 궁금해졌고, 예전보다 더 많은 이야기를 나눈다. 통화 중 텃밭에 계시다길래 영상 통화로 바꿨다. 고추가 빨갛게 익어가는 모습, 호박이 영글어 달린 모습을 보여 주며 엄마는 밝게 웃으셨다. 통화를 마치고 나니 곧장 직접 찍은 텃밭 사진을 보내 주셨다.
    요즘 나는 엄마가 해 주신 말씀들을 실천하고 있음을 자주 말씀드린다.
    "싱겁게 먹고 있어요. 시댁에서 받은 단호박으로 단호박 라떼를 만들었어요. 갈치조림도 했고요. 오늘은 남편이랑 설봉산 가서 맨발 걷기도 했어요. 요즘은 일찍 푹 잡니다."

후회는 늦게 찾아오지만,
사랑은 지금 실천할 때만 빛난다.

그러나 친정엄마에게 딸이 아픈 곳이 있다는 말은 차마 하지 못했다. 그 말을 듣고 근심 가득한 얼굴을 하실 엄마를 떠올리면, 괜히 말했다고 후회할 것 같아서였다.

후회는 언제 해도 늦다. 후회하지 않으려 애쓰지만, 여전히 후회가 쌓인다. 30대에 단둘이 여행을 가자고 제안했을 때, 엄마는 "됐다. 나는 괜찮다. 나중에 가자." 하셨다. 어느덧 나는 40대가 되었고, 엄마는 예전보다 쇠약해지셨다. 지금은 경기도까지 오시는 것도 힘들어하신다.

늘 남편과 함께 가던 친정을 혼자 네 시간 운전해 찾아갔다. 엄마는 무척 놀라셨고, 그만큼 기뻐하셨다. 친정에서 하룻밤을 보낸 뒤, 엄마를 모시고 우리 집으로 왔다. 다음 날 근처 도서관에서 나란히 책을 읽고, 아름다운 카페에서 도란도란 대화를 나누었다. 그 자리에서 엄마의 요즘 생활을 들려주셨다.

무뚝뚝한 장녀는 그렇게 조금씩 변하고 있었다.

언제나 곁에 계실 것 같지만, 어느 날 문득 떠날 수도 있다는 생각이 지금 이 순간, 엄마에게 더 잘해야겠다는 마음으로 나를 이끈다.

얼마 전, 엄마가 복지회관에서 수강하며 써 내려간 글귀들을 보내주셨다. 그 짧은 문장 속에 평생을 성실히 살아오신 엄마의 모습이 담겨 있었다. 나는 그 말을 잊지 않고 실천하기로 마음먹었다.

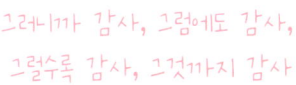 

"인생을 흘러가는 것이 아니라 채워지는 것이다."

"부드러운 말 한마디"

"그러니까 감사, 그럼에도 감사, 그럴수록 감사, 그것까지 감사"

엄마의 말씀은 잔소리가 아닌 삶의 이정표처럼 내 곁에 머물며, 오늘의 나를 살아가게 하는 단단한 뿌리가 되어 준다.

소중한 부모와 나의 관계를 돌아보게 하는 책

1. 『엄마는 죽을 때 무슨 색 옷을 입고 싶어?』, 신소린 지음
   - 부모와 자식 간의 관계, 돌봄과 후회. 현재에 충실해야 함을 일깨우는 따뜻한 책입니다. 곁에 있을 때 더 많이 사랑하고 대화해야 한다는 메시지를 전합니다.

2. 『모리와 함께한 화요일』, 미치 앨봄 지음
   - 죽음을 앞둔 스승과 제자의 대화는 삶의 본질을 돌아보게 합니다. 이 책은 삶의 태도와 방향에 대한 통찰을 주며, 우리에게 주어진 소중한 가치를 생각하게 합니다.

3. 『엄마를 부탁해』, 신경숙 지음
   - 실종된 엄마의 흔적을 따라 기억을 복원하는 이 이야기는, 당연한 존재였던 엄마를 다시 떠올리게 하는 책입니다. 가족들의 파편적인 기억들이 모여 엄마의 온전한 삶을 그려 내는 과정은, 미처 알지 못했던 부모님의 시간을 돌아보게 합니다.

정현진

09 아름다운 삶, 심미안으로 깊어지다

아이들을 처음 만났을 때의 나이만큼, 아이들과 함께한 이십사 년의 삶이 더해져 어느덧 중년의 길 위에 서 있다. 철없이 절반을 살았고, 아이들과 함께 철들며 절반을 살았다. 사람은 태어날 때부터 사람인 것이 아니라 '사람으로 되어 가는' 존재이기에, 여전히 철든 듯 철들지 않은 듯 흔들리며 성장 중이다. 하지만 겹겹이 쌓아온 시간의 경험치만큼 삶의 바라보는 안목은 조금씩 깊어짐을 느낀다. 그것은 보이지 않은 것을 보고자 노력하는 마음의 힘이다.

재미있고 자극적인 것이 넘쳐나 우리의 마음이 쉽게 흔들리고, 영혼의 길을 잃기 쉬운 시대이다. 이러할 때일수록 겉으로 그럴듯하게 포장해 놓은 멋진 것에 현혹되지 않고 진정한 아름다움을 제대로 볼 줄 아는 '심미안'이 더욱 필요하다. 그렇다면 과연 '아름다움'의 의미는 무엇이며, 나는 어떻게 아름다운 삶을 살아가야 할까?

"'아름'이 낱낱의 알로서 내적으로 고루고루 어울리는 상태라면 '다움'은 외적으로 다른 것들과 견주어 훌륭한 상태이다. 사람이 된 것과 사람다운 것이 다르듯 사람은 사람다워야 사람이다. 아름다움이란 낱낱의 아름으로

> 내적인 아름과 외적인 다움을
> 어떻게 조화롭게 채워 살아가고 있는가?

자신의 목적을 객관적으로 완성된 상태, 즉 '아름'이 고루고루, '다움'이 두루두루 안정된 상태를 의미한다."

— 『아름.다움』 중에서, 윤여경

나는 '내적인 아름'과 '외적인 다움'을 어떻게 조화롭게 채워 살아가고 있는가? 내 삶에 깃든 아름다운 풍경, 아름다운 추억, 아름다운 사람과의 어울림을 생각하며 '심미안으로 깊어지는 삶의 방향'을 생각해 본다.

나이가 드니 감탄하는 일이 줄어들 것 같지만, 언젠가부터 경탄의 감각 세포가 오히려 활성화되는 듯하다. 보이지 않던 작은 꽃의 이슬이 보이고, 새벽 공기가 폐 속까지 들어가 몸과 마음을 정화해 주는 것 같이 느끼며, 귀 기울이지 않았던 새소리가 더욱 선명하게 들린다. 노을 지는 저녁 하늘의 영롱하고 다양한 색깔들이 내 마음을 물들이듯 스며들고, 맛있는 음식을 먹을 때의 감촉과 소리, 느낌이 온몸으로 퍼져나가는 듯 음미하며 먹게 된다. 계절의 변화를 느끼지 못하면 나이가 드는 것이라고 하지만, 나는 오히려 사계절을 온전히 느낄 수 있는 대한민국이 너무 아름답고 계절의 소식이 반갑다. 오히려 그 아름다운 풍경들을 많이 놓치고 살았다는 생각에 아쉬움이 든다. 이제는 순간을 살며 계절을 촘촘히 느끼며 제철 행복을 느끼

추억은 쌓여 가고,
행복은 지금 이 순간에 있다.

고 싶다. 심미안으로 자연을 바라보며 풍경과 일체가 되는 것 그것이 첫 번째 삶의 방향이다.

아름다운 풍경 속에 함께한 기억을 '추억'이라 부른다. 나이가 들면 숫자를 가장 빨리 잊어 버리고 '추억'을 가장 오래 기억한다고 한다. 인생은 많은 소유보다 '깊은 향유'가 더 중요하기에 '추억이 많은 사람'이 가장 아름다운 부자가 아닐까? 살아가면서 힘든 일, 아픈 일, 어려운 일도 지나고 나면 모두 추억이 되는 것처럼, '지금, 이 순간을 놓치지 않는 것'이 가장 현명하다는 것을 알려 준 것은 아이들이었다. 한번은 아이들과 행복에 관련된 동화를 읽고 이야기를 나누는 시간이 있었다.

"친구들은 행복이 무엇이라고 생각하나요?"

유치원 아이들의 답은 각양각색이었다.

좋은 차를 타고 아파트에서 맛있는 것을 먹는 것, 달리기를 열심히 하는 것, 친구와 블록을 높게 쌓았는데 무너지지 않는 것, 선생님이 주시는 맛있는 간식, 엄마가 나를 안아 주는 따뜻함 등 아주 일상적인 것이었다. 그리고 마지막 한 아이가 고개를 갸우뚱하다 천진난만하게 웃으며 말했다.

"행복은… 음… 지금?"

예상치 못한 한 단어가 내 생각을 반짝이게 하였다. 어른이 생각

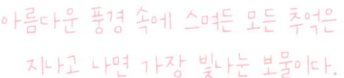

하는 복잡한 행복의 이유가 바로 한 단어로 정리되었기 때문이다. '지금'

  이처럼 나의 삶에 여전히 꽃으로 존재하는 아이들의 모습을 보는 일은 여간 행복한 일이 아니다. 아이들의 까만 눈동자에 비친 나의 모습을 보며 미소 짓는 순간은 얼마나 경이로운가? 아름다운 순간이 쌓이면 결국 아름다운 삶이 된다. 아름다운 풍경 속에 스며든 모든 추억은 지나고 보니 가장 빛나는 보물이다. '순간'에 존재하며 소중한 사람들과 함께 추억을 쌓는 일이 심미안으로 깊어지는 두 번째 삶의 방향이다.

  나는 '답다'라는 단어를 좋아한다.
  '사람답다', '교사답다', '학생답다', '아이답다', '엄마답다', '나답다'.
  자신의 자리에서 부끄럼 없이 몫을 다하는 모습이 가장 아름다워 보이기 때문이다. '사람이 꽃보다 아름다워' 노래 가사처럼 나의 곁에도 꽃보다 아름다운 사람이 많다. 살아가면서 그런 사람을 만나는 것은 더없이 큰 행운이다. 내 주변에 실존하는 아름다운 사람은 바로 이런 사람들이다.

- 자신이 가진 것을 아낌없이 내어주며 상대의 존재감을 빛나게 하는 사람
- 학생의 이야기를 온 마음으로 귀 기울여 듣고 따뜻한 격려를 아끼지 않는 사람
- 책과 함께 삶의 지혜를 나누며 따뜻한 연대로 성장하는 사람

어쩌면 나는 나로서 존재하는 것이 아니라
아름다운 사람을 통해 만들어지는 것이 아닐까?

- 수많은 풍파를 거치고 노년의 지혜로운 아우라를 풍기며 삶의 희망을 전해 주는 사람
- 어려운 상황에서도 유머로 승화하며 해 내는 사람
- 아름다운 예술 작품으로 사람의 마음에 감동을 주는 사람
- 작고 소중한 아이들을 위해 일상의 마더 테레사가 되어 정성껏 아이를 키우는 사람

　이토록 아름다운 사람과 마주할 때마다 직업이라는 테두리 너머 진정으로 꿈꾸는 '나다운 모습'에 대한 소망이 늘어난다. 어쩌면 나는 나로서 되어 가는 것이 아니라 아름다운 사람을 통해 만들어지는 것이 아닐까? 사람과의 어울림을 통해 심미안으로 깊어지는 나의 미래의 모습을 떠올려 본다.

- 세월은 안으로 새기고 생각은 여전히 푸르른 희망으로 가득 찬 사람
- 마음의 결이 고운 사람
- 적은 소유에도 기품 있는 삶을 사는 사람
- 따뜻한 시선으로 세상을 바라보는 사람
- 제철 행복을 느끼는 사람
- 말이 아닌 삶으로 증명하는 사람
- 잘나간다고 질주하지 않는 사람
- 소중한 기억을 기록으로 남기는 사람
- 겸허히 자신의 페이스를 조절하는 사람
- 따뜻한 아우라를 가진 사람
- 누구도 함부로 대할 수 없는 존중과 존경으로 누군가의 삶에 스며드는 사람
- 평생 배움의 끈을 놓지 않는 사람
- 힘 있는 지식을 따뜻하게 쓰는 사람

> 내가 채워가는 '아름'이 아름다운 삶의 연대로 어우러져
> 행복한 선순환이 되는 삶을 소망한다.

　내 안에 겹겹이 채워진 '아름'과 세상과 마주하는 '다움'이 조화롭게 어우러지는 인고의 시간이 쌓이면, 진정한 '나다움'이 꽃피게 되고 아름다운 존재로 변화하는 것이 아닐까? 모든 아름다움 속에는 치열함이 스며 있다. 그 과정에서 알알이 나만의 빛을 발견하며 삶 속에 아름다움을 발견하는 심미안을 가진 사람이 되고 싶다. 내가 채워가는 '아름'이 아름다운 삶의 연대로 어우러져 행복한 선순환이 되는 삶을 소망한다.

　"아름다움을 파악하고 경험하게 되면 스스로의 인식과 판단의 범위가 다음 단계로 올라서게 된다. 무용한 것이 유용한 가치로 바뀌는 행복의 선순환이 시작되는 것이다. 이런 선순환의 시간을 갖게 되면 삶이 지루할 틈도 괴로울 틈도 없다."

- 『심미안 수업』 중에서, 윤광준

삶의 심미감을 키우는 데 도움이 되는 책

1. 『심미안 수업』, 윤광준 지음
   - '이토록 삶이 거친 것은 무엇이 아름다운지, 내가 무엇을 모르는지 모르기 때문이다'라는 메시지를 전하며 사진, 미술, 건축, 음악, 디자인, 교육에 이르기까지 삶의 통찰력을 일깨워 주는 책입니다.

2. 『제철 행복』, 김신지 지음
   - 우리가 아는 봄, 여름, 가을, 겨울 사계절이 아닌 24절기라는 촘촘한 시간의 흐름 속에서 스물네 번의 행복을 찾는 방법을 제시하고 있습니다. 특히 작가가 계절마다 제시하는 제철 숙제가 특별하며, 계절의 변화를 서정적으로 묘사하는 작가의 문체를 통해 풍경의 아름다움을 발견할 수 있습니다.

3. 『우리가 인생이라 부르는 것들』, 정재찬 지음
   - 인생에서 마주치는 다양한 경험과 고민을 시詩를 통해 탐구하고 그 안에서 지혜와 위로를 들려줍니다. 시는 인생에 대한 깊은 사색과 깨달음을 얻는 데 도움을 주며, 일상의 심미감을 발달시킬 수 있다는 것을 일깨워 주는 책입니다.

양윤희

10 사랑이 답이다

무엇이든 처음은 힘들게 마련이다. 수많은 첫 경험이 있었지만 어렵고 험난한 일 중 일등은 단연코 아이를 낳아 키우는 일이라 하겠다. 산후조리원에서 아이와 단둘이 있을 때, 꼬물거리는 아이를 보면서 이게 꿈인가 생시인가 했다. 그러다 문득문득 걱정과 불안이 몰려왔다.

'아이는 어떻게 키우는 거야?'

이 고민은 첫째가 사춘 소녀가 된 지금까지도 계속되고 있다. 더 안타까운 현실은 이 고민은 끝이 없을 거라는 사실이다. Endless Love가 따로 없다.

부모라면 누구나 아이를 잘 키우고 싶을 것이다. 초보 엄마인 나는 불안한 마음으로 선배 맘들의 경험이 담긴 육아서와, 교육 전문가의 교육서를 많이도 읽었다. 문제는 그들이 알려준 대로 실천할 수도 없었을 뿐더러 엄마인 나에게도 우리 아이에게도 맞는 방법을 찾기가 쉽지 않았다. 보물을 캐는 심정으로 육아서와 교육서를 찾아 읽었고, 인기 있는 교육 유튜브도 찾아보았다. 책에서 읽은 대로, 교

사랑은 남들이 좋다는 것을 덧씌우는 게 아니라,
아이의 길을 존중하는 일이다.

육 유튜브에서 본 대로 아이에게 적용하고, 좋다고 하는 것을 아이에게 들이밀었다.

큰아이에게 가장 미안한 부분이 이 부분이다. 아이의 취향은 무시하고, 아이의 수준도 무시하고, 남들이 좋다고 하는 것을 마구마구 투입했다. 초보 식집사가 하는 가장 큰 실수가 화분에 물을 많이 주는 거라고 했다. 물을 적게 주어서 식물을 죽이는 게 아니라 물을 너무 많이 줘서 뿌리가 썩는다고 말이다. 내가 우리 아이에게도 그랬구나! 이것저것 좋다는 것을 들이밀면서 '이것도 해 보자, 저것도 해 보자' 하니 아이는 벅찼던 거다. 좋아하는 것도 아니고, 하고 싶은 것도 아닌 것들이 마구마구 쏟아지니 얼마나 부담스러웠을까? 아이에게 물어보지도 않고 구독한 어린이 경제신문, 과학 잡지, 독서 잡지 등은 아이가 쳐다보지도 않았다. 자기 수준에 맞는 책을 재미있게 읽고 있는 아이에게 지식과 정보를 제공해 줄 만한 책, 교과 성적을 올리는 데 도움이 될 책들을 권했다. 아이는 철저히 외면했고, 책에서 점점 멀어졌다.

아이의 취향을 존중했어야 했고, 아이가 스스로 하는 모든 활동을 지지했어야 했다. 책의 종류? 책의 수준? 그것은 그렇게 중요하지 않았다. 욕심만 많았던 엄마가 이제야 깨닫는다. 남들이 좋다고 하는 내용을, 선배 맘이 성공했다는 방식을 우리 아이에게 덧입힐 수는 없었다.

　큰아이를 키우며 쟁여 두었던 책들. 큰아이가 잘 읽었으니 작은아이도 잘 읽으리라는 생각으로 책장을 꽉 채워 두었지만, 둘은 전혀 다른 아이다. 간혹 두 아이가 다 좋아하는 책이 있긴 했지만, 상당 부분은 달랐다. 아이를 앞에서 끌지 말고 아이의 뒤를 따라가야 한다는 말이 무슨 말인지 두 아이를 키우면서 한참 후에야 마음으로 이해했다. '엄마도 엄마가 처음이라'는 변명인지, 핑계인지, 자조인지 모를 말을 수없이 되뇌면서….

　공부하라는 잔소리를 듣지 않고 자라서, 나도 자유롭게 아이들을 키웠다. 요즘 엄마답지 않게 아이들을 자연인으로 키웠다. 옆에서 지켜보던 엄마들이 너도나도 한마디씩 했다. "다른 아이들은 엄마 손잡고 달리는데, 자기는 아이 혼자 달리게 할 거야? 아이가 얼마나 힘들겠어?" 이런 말을 들으면 또 내가 너무 무심했나 싶기도 하고, 오만가지 생각이 오갔다. 나의 불안을 선배 맘에게 털어놓을 때도 있었는데, 한마디로 정리해 주었다. "자녀 교육에 정답은 없어. 이래도 고민, 저래도 고민이야. 중요한 건 마음인 거 같아. 엄마도 마음이 편하고, 아이들도 마음이 편한 거. 그리고 건강한 것. 그게 최고야."

　갈대처럼 흔들리는 내 마음, 걱정과 불안으로 점철되어 꽤 심각했던 날. 박완서 작가님의 『모래알만 한 진실이라도』를 읽었다. 작가님은 아버지를 일찍 여의고 넉넉지 못한 환경이었지만, 미움받거나 야

존재만으로 사랑받았던 기억은,
세월이 흘러도 마음을 가장 따뜻하게 밝혀 준다.

단맛은 기억이 없다고 했다. 칭찬받고 귀염받은 생각밖에 안 나서 새벽에 일어나 생각해 보니 참 행복했다고 말이다.

"물질적으로 넉넉지 못했을 뿐 아니라 아버지를 일찍 여의었으니, 요샛말로 하면 결손가정이었지요. 아무리 생각해도 미움받거나 야단맞은 기억은 없고 칭찬받고 귀염받은 생각밖에 나는 게 없습니다. 그게 이른 새벽잠 달아난 늙은이 마음을 한없이 행복하게 해 줍니다."

- 『모래알만 한 진실이라도』 중에서, 박완서

이 문장을 읽으면서 내 눈시울이 붉어졌다. 할머니가 되어도 유년 시절 사랑받았던 기억이 한없이 행복하게 해 준다니 이보다 더 값진 것이 있을까 말이다.

유복한 집에서 태어나, 세상의 기준에 부합하는 멋진 스펙을 자랑하고 실력도, 외모도 우수한 사람들이 평생을 인정 욕구에 시달리는 경우를 더러 보았다. 객관적으로 보기에도 나무랄 데 없지만, 유년 시절 '있는 모습 그대로' 사랑받지 못하면 나이가 들어서도 허전함을 달랠 수 없어 보였다. 값없는 사랑. 존재만으로 인정받고 사랑받는 시간이야말로 두고두고 사람을 지탱해 주는 힘이 되었다.

아이를 보는 눈빛, 아이에게 건네는 다정한 말, 그 모든 일에 사랑

을 가득 채우는 것이 엄마인 내가 가장 우선 해야 할 일이라고 날마다 되새긴다. 내가 할 수 있는 일도, 해야 할 일도 있는 그대로의 아이를 사랑하는 일. 그것이면 충분하지 않을까?

아이를 양육하며 마음이 힘들 때 읽으면 좋은 책

1. 『내 아이를 위한 감정 코칭』, 조벽, 존 가트맨, 최성애 지음
   - 아이를 사랑하지만 내가 하는 말, 행동이 사랑으로 전해지지 않을 수 있습니다. 사랑의 탈을 쓴 욕심, 조급함이라는 소스가 더해지기도 합니다. 자녀 양육에 답은 없다지만, 자녀를 사랑하는 마음을 온전히 표현하고 싶습니다. 아이 감정에 공감하는 것을 시작으로요. 아이의 감정을 읽고 공감하는 방법, 코칭법을 제시하는 이 책을 추천합니다.

2. 『자존감, 효능감을 만드는 버츄프로젝트 수업』, 권영애 지음
   - 이 책은 지친 부모와 교사들이 자존감과 에너지를 회복할 수 있도록 인도합니다. 부모도 교사도 자신에 대한 긍정적인 에너지를 갖게 하고, 아이들이 자존감과 효능감을 높일 수 있도록 하는 실행 매뉴얼을 제시하고 있습니다. 버츄프로젝트를 하며 부모도 교사도 자신을 소중히 여기게 되고 아이를 보는 시각에 변화를 줄 책으로 추천합니다.

글과 온기들

이야기를 나누며 서로를 따뜻하게 하는 글

책 속 한 줄의 힘

김진수

01 읽는다는 건, 살아낸다는 것

"우리는 누구에게 그 어떤 것도 가르쳐 줄 수 없다. 단지 스스로 자신 안에서 그것을 발견하도록 도울 수 있을 뿐이다. 갈릴레오 갈릴레이"

- 『멘토』 중에서, 스펜서 존슨, 콘스턴스 존슨

책이 나오면 여기저기 불려서 바빠질 줄 알았는데 전혀 아니었다. 세상의 흐름은 그대로였다. 출간했다고 인생이 180도 바뀌지도 않는다. 그저 묵묵히 또 다른 일상의 연속을 살아간다. 지역 도서관에 강의 제안서도 넣어 보았다. "이번에 위인들의 독서법을 교실에 적용한 실천 사례가 담긴 책이 출간되었습니다. 학부모님을 위한 특강이 가능하니 언제든 연락해 주세요." 열 군데의 도서관 게시판에 글을 올렸으나 '올해의 명사 초청 계획은 마무리되었다. 다음 해에 생각해 보겠다.'라고 답변한 곳은 한 군데였고, 나머지는 조회 수도 한 자리였을 정도로 관심 밖으로 밀려났다.

그러던 중 『백악관을 기도실로 만든 대통령 링컨』에서 만난 링컨의 일화를 읽게 되었다. 링컨은 정치 초년병이었던 시절 13명이 입후보한 첫 선거에서 657표를 얻고 8위로 낙선의 고배를 마셨다. 하

지만 그가 살던 뉴살렘 지역의 표 300표 중 277표를 얻은 것을 작은 위안으로 삶고 이런 말을 남겼다.

"이제 가까운 사람들로부터 인정을 받았으니 먼 지역 사람들에게도 인정을 받으면 되겠구나!"

링컨의 이 한마디는 나를 다시 움직일 수 있는 계기가 되었다.

'왜 멀리서 찾고 있었지? 가까운 우리 학교에서부터 독서 씨앗을 뿌리면 되잖니.'

당시 재직 중이던 교장 선생님께 찾아가 학부모를 위한 독서 특강을 제안하고 가정통신문을 작성했다. 요지는 자녀를 위한 독서를 넘어서는 '학부모 자신을 위한 진짜 독서법'이었다. 간절한 분만 참여할 수 있도록 날짜도 금요일 오후 2시로 잡았다.

- 독서의 뜨거운 열정을 느끼게 해 주자!
- 그 열정이 부모님의 독서로 이어지도록 해 주자! (1단계: 100일 동안 33권 읽기)
- 100일의 여정 속에서 자아 효능감을 더욱 높여 드리자!
- 이어서 자기 분야 100권 읽기 프로젝트(2단계)를 통해 준 전문가로 거듭나는 길을 열어 드리자!
- 자신의 인생에서 진정한 주인의식을 갖고 나아가는 진짜 자기 주도적 삶을 발견할 수 있도록 도와드리자!
- ※ 이 모든 여정 속에 아이는 부모의 등을 보고 자라게 된다.

몇 명이나 신청할까 내심 기대되는 시간. 딱 우리 반을 가득 채울 수 있는 30명의 학부모님께서 신청해 주셨다. 나 역시 늦깎이 독서가인 한 사람이었기에, 책이 주는 힘을 만나 봤기에 학부모님께도

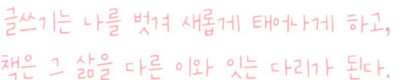 
글쓰기는 나를 벗겨 새롭게 태어나게 하고,
책은 그 삶을 다른 이와 잇는 다리가 된다.

  그런 씨앗을 심어 주고 싶었던 것이었을까? '그 아이만의 단 한 사람'을 넘어 '그 어른만의 단 한 사람', '그 자신만의 단 한 사람'을 발견할 수 있도록 연결하는 통로가 되고 싶은 강렬한 소망이 생겼다.

  오후 2시부터 시작한 특강은 다양한 질문에 관한 답변을 하다 보니 3시간 20분이 지난 오후 5시 20분이 되어서야 마무리가 되었다. 마치기 전 간단한 설문과 함께 「100일 동안 33권 읽기 프로젝트」를 함께할 독서 특공대를 모집했다. 신청률이 높았다. 20명이 함께하고 싶어 했다. 특강 참여자가 30명이었으니 66%나 마음을 움직인 셈이다. 그날 몇 분은 강의 후기를 남긴 것도 모자라 장문의 메시지를 나에게 보냈다. 그중 한 분은 "강의를 듣고 집에 오는 내내 가슴이 왜 이리 뛰던지 주체할 수가 없었습니다."라는 고백의 글을 주셨는데 내 눈에도 자연스레 눈물이 고였다. 독서를 향한 진심이 느껴지는 순간이다.

  2년 동안 책을 읽고 1년 동안 글을 쓰며 3년이란 세월이 지났을 즈음 책과 함께 성장하는 아홉 사람의 서른아홉 가지 인생 스토리가 담긴 책이 출간되었다. 우리들의 모임 이름 '책바침'에서 나온 『책에 나를 바치다』란 독서 에세이집이다.

  책의 실물을 받아 보니 기분 최고다. 개인 저서일 때와 느낌이 사뭇 다르게 다가온다. 혼자만의 기쁨이 아닌 함께하는 선물인가 보

다. 한 분이 이런 질문을 주셨다.

"선생님께서 우리가 쓸 수 있도록 도와주는 이유가 궁금해요."

잠시 생각에 잠긴다. 누가 시키지도 않았는데 나는 왜 이런 무모한 짓(?)을 하려는가. 집에 도착하여 그 질문에 관한 답을 SNS에 써 보았다.

> 2016년 책을 쓰는 것이 궁금했어요. 그래서 강의를 들으러 다녔습니다.
> '아! 책 쓰기라는 것이 내가 생각했던 높은 벽은 아니었구나'를 느낄 수 있었습니다.
> 도전해 보고 싶었습니다.
> 제가 책을 쓰고 싶다고 지인에게 이야기하니 "책은 아무나 쓰는 것이 아니다. 시간 낭비하지 말고 그냥 살아."라고 하며 뜯어말렸습니다.
> 이런 말 듣고 오기가 생기지 않나요? 왜 쓸 말이 없나요? 지금까지 살아온 36년(당시 나이)은 허투루 산 것이 아닌데!
> 그래서 더욱 결심했습니다. 반드시 책을 쓰기로.
> 감사한 것은 책을 쓰면서 저를 오롯이 바라볼 수 있게 되었다는 점입니다. 저의 거짓된 진흙을 훅훅 털어 버리는 시간도 가질 수 있었습니다.
> 벗겨내고 나니 새롭게 탄생한 기분이 들었고, 그 뒤로 글을 쓰는 삶은 저에게 큰 축복을 가져다주었습니다.
>
> 『독서 교육 콘서트』, 『교사가 성장하면 수업도 성장한다』를 집필할 수 있었고, 이 책을 쓰게 된 논리로 아내 역시 쌍둥이 육아에 대한 『진짜 엄마 준비』를 출간할 수 있었습니다. 이어서 저는 선생님의 삶을 그린 공저 『선생님 마음의 온도』, 아이들의 삶에 대한 시를 그린 『밀알 한 줄 긋기』, 『밀알랜드』, 『어빌리티』 등을 비롯하여 이번에는 학부모님들의 독서 삶을 그린 바로 이 책 『책에 나를 바치다』를 집필할 수 있었습니다. 지난 책 쓰기 4년 동안 가

> 치 있는 삶을 선물로 받았습니다.
> 저 혼자 이 좋은 것을 쟁취할 수 없지요. 그저 나누는 것입니다.
> 독서의 기쁨, 글쓰기의 기쁨, 책 쓰기의 기쁨 등 아직도 나눠야 할 것이 많습니다.
> 저 또한 거저 얻었기 때문에 거저 주는 것입니다.
> 세계적인 스토리텔링 『누가 내 치즈를 옮겼을까?』의 저자 스펜서 존슨의 다양한 책 마지막에는 항상 이런 이야기가 나옵니다.
> "당신이 받은 선물을 다른 사람에게 나누세요."
> 이제는 이 글을 읽으신 당신이 나눌 차례입니다.
> 나눠 주셔서 깊이 감사합니다. 덕분에 세상이 좀 더 따뜻해졌습니다.

　학교를 옮기면서 코로나19가 찾아왔다. 모든 대면 활동이 중단되고 온라인으로만 만날 수 있었다. 이곳에서도 학부모와 함께하는 독서의 끈을 놓을 수 없었다. 지난 학교에서와 마찬가지로 독서 특강을 시작으로 서서히 독서 씨앗을 심었다. 모임을 운영하면서 조금씩 노하우가 생겨 운영하는 데는 큰 어려움이 없었고, 모임 이름, 로고 제작 등 모임의 구색을 하나씩 갖춰 갔다. 서로를 향한 에너지가 뜨겁게 몰려왔다. 모임 이름은 「다독다독」. 2가지의 의미가 있다. '많이 읽는다.', '독서를 함으로써 나의 마음을 다독거려 준다.' 이름 그대로 많이 읽으며 자신의 마음을, 서로의 마음을 다져가는 시간을 가졌다. 100일 동안 매일 읽고, 쓰고, 나누며 풍성한 실천 독서를 해 나간 다독다독 학부모님! 모두가 하나 되는 마음으로 한 배를 타고 가는 느낌이 들 정도로 진심을 나누는 시간이었다.

책을 함께 읽고 쓰는 사이,
엄마라는 이름 너머로 나답게 서는 삶이 시작되었다.

    30일마다 새로운 양분을 주기 위해 이벤트를 마련했다. 30일 온라인 모임, 60일 대면 모임, 90일 작가와의 만남. 책에서 줄곧 읽어 왔던 '어제보다 더 나은 오늘', '나는 매일 조금씩 나아지고 있다.'라는 것을 경험한 우리. 스스로 느끼기에도, 제삼자 입장으로 봤을 때도 급격한 변화를 서서히 감지할 수 있었다. 나눔이 있는 날에는 눈물 바다로 한강을 이루듯 독서의 씨앗이 뿌리를 내리고, 꽃을 피우며, 열매를 맺는 멋진 현장의 연출이 계속되었다. '나'와 함께하는 공식적인 월 1회 만남도 모자란다며 1회를 멤버들이 추가로 만남을 이어 나갔고, 그것도 부족하다며 매주 금요일마다 새벽 6시 30분에 '책벙 책 들고 번개 모임'을 했을 정도로 열정이 대단했다. 이것은 다독의 의지였다. 이끌어 가는 나 역시 많은 영향을 받았고, 이들과 함께하는 독서 여행이 참으로 좋았다. 드넓은 들판을 만났을 때 자연스럽게 양손을 뻗어 숨을 깊게 들이마시는 것처럼 읽는다는 것은 살아낸다는 느낌이 들었다.

    3년이란 다독다독 시간이 흘렀을 때 한 권의 책이 탄생했다. 독서 모임으로 만난 평범한 엄마들의 작가 도전기 『책은 핑계고 수다는 진심이야』. 함께 읽고, 함께 쓰며, '엄마'라는 이름 너머 더욱 단단한 '나'로 바로 선 다독다독 12인의 삶이 담긴 책이다. 독서를 넘어 작가가 된 분들, 다독의 씨앗, 시작, 영향, 꿈, 길, 여정, 속도, 인연, 치유, 변화, 비상, 도전이란 키워드로 풀어 간 이야기는 그들만의 이야기가

아닌 나의 이야기, 우리의 이야기였다. 페이지를 넘기지 못했다. 글에 담긴 진정성이 나를 멈추게 했기에.

'내가 생각했던 것보다 많이 성장하셨구나.'

아빠 미소가 지어진다. 앞으로 펼쳐질 더 많은 독서 씨앗이 민들레처럼 퍼져 나가는 상상의 그림을 그려 본다.

본교는 또 다른 학부모 독서 모임 '다독다독 시즌 2'가 개설되었다. 학부모님의 요청으로, 자발적으로 모임이 유지되고 있다. 앞서간 선배 독서가의 모습이 참으로 좋았던지 열심히 조언을 구하며 각자의 길을 묵묵히 걷고 있다.

한 노인이 황폐한 땅에 도토리를 열심히 심고 있다. 말도 없이 조용하게 이 노인은 하루에 도토리를 100개씩 심는다. 그사이 심은 대부분의 도토리 중 일부에서 조금씩 싹이 나고 줄기가 돋아나는 모습이 보인다. 시간이 흘러 황무지 같은 곳이었던 이곳이 조금씩 푸른 숲의 자태를 뽐내어 가고 있다.

장 지오노의 『나무를 심은 사람』 이야기를 꺼내 본다.

나는 독서 씨앗을 부지런히 심고 있다. 독서의 힘을 안 순간 가만히 앉아 있을 수 없다. 신기하게도 내가 받은 사랑을 누군가에게 전하면 더 샘솟는 사랑이 돌아온다.

"내 삶의 터닝포인트는 「다독다독」을 만나 책을 읽기 시작했을 때

부터다. 아이가 책을 읽기 바라는 마음에 시작한 독서 프로젝트인데 가장 크게 변화한 건 바로 '나 자신'이다."[2]

  이런 고백을 만날 때마다 마음 한쪽에 잠자고 있던 눈물샘이 터진다. 나 역시 아팠고, 긴 여정을 돌고 돌아 지금까지 왔기에. 아니, 앞으로의 삶이 기대되기에 펌프처럼 가슴에서부터 뜨거운 눈물이 흐르는 이유일지도 모른다.

  오늘도 묵묵히 독서의 씨앗을 심는다. 누군가에게 읽기란 스스로 자신 안에 있는 무언가를 발견하여 새로운 삶 자체를 살아가는 원동력이 될 수 있기 때문에.

---

2) 『책은 핑계고 수다는 진심이야』, 임선효 외 11명

01 읽는다는 건, 살아낸다는 것 김진수

나만의 독서법을 발견하는 데 도움이 되는 책

1. 『일독』, 이지성. 스트로베리 지음
   - 『독서 천재가 된 홍대리』 개정판으로 독서 습관의 중요성을 깨우치는 데 중요한 요소를 모두 담고 있습니다. 스토리텔링 형식으로 되어 있어서 독서 초보자가 읽기에 안성맞춤인 책입니다. 독서 습관을 기르는 슈퍼리딩을 배울 수 있습니다.

2. 『안상헌의 생산적 책 읽기』, 안상헌 지음
   - 첫 장부터 마지막 장까지 온통 책 읽기에 푹 빠질 수밖에 없는 이야기로 가득합니다. 독서의 3단계 다독 多讀, 다상량 多商量, 다작 多作으로 연결되는 핵심을 파악할 수 있습니다. 마음이 온통 책 향기로 물들게 됩니다.

3. 『48분 기적의 독서법』, 김병완 지음
   - 독서는 취미를 넘어서 삶에 필요하다는 당위성을 느끼게 해준 책입니다. 인생 역전 책 읽기 프로젝트인 부제에서 제시하듯 3년간 1,000권 독서를 한 저자가 어떻게 또 다른 인생으로 나아가는지를 통해 독서 씨앗을 풍성히 심을 수 있게 됩니다.

성명주

02 천 원짜리 행복

"어른의 행복은 조용하다. 짜릿함보다는 안도감에, 특별함보다는 일상 적임에 더 가깝다. 아무 탈 없이 일할 수 있어서, 아픈 곳 없이 가족과 통화할 수 있어서, 희망은 없어도 절망도 없이 내일을 또 살아갈 수 있어서 행복할 수 있는 게 지금의 내 삶이다. 누군가는 그토록 조용한 인생에서도 행복을 발견할 수 있냐고 묻겠지만, 물론."

- 『어른의 행복은 조용하다』 중에서, 태수

행복이라는 단어가 너무 커 보였고 멀게만 느껴지던 때가 있었다. 책이나 드라마에서는 멋진 왕자님이 가난한 여자 주인공에게만 관심을 가지고 꿈같은 데이트를 하고 온갖 어려움을 이겨내더니 결국에는 행복해지곤 했다. 예전 텔레비전에서 원하는 물건을 백화점에서 가격표도 보지 않고 색깔별로 사는 부자들이나 계속 세계 여행을 다니고 있는 사람들을 보고 행복해 보여서 몹시 부러워 하기도 했다. 현실에서는 그런 일이 아무리 기다려도 일어나지 않았고 앞으로도 그런 일은 내 인생에 없을 것 같았다.

> 행복은 거창한 날에 오지 않았다.
> 에어컨 바람에 잠든 낮잠처럼 가까운 일상의 순간 속에 있었다.

어릴 적 나는 행복이라는 감정을 낯설어하는 아이였다. 남겨진 사진 속에 웃는 사진이 정말 없는 편이다. 현실에선 내 방 한 칸 갖기 어려운 대식구였고, 내 취향을 가지는 대신에 가장 저렴하고 가성비 좋은 물건들을 샀다. 어쩌다가 가족 여행을 가면 부모님은 싸우기 일쑤였고, 매번 해야 할 일들은 그 시기에 맞추어서 원하지도 않았지만 배달됐다. 하나를 처리하면 또 다른 하나가 빼꼼히 얼굴을 들고 처리해야 함을 알렸다.

그런 내게 행복했던 순간이 언제였는지 기억을 떠올려 보았다. 원하는 임용시험에 합격 통지서를 받은 날, 열심히 모아서 내 집을 마련한 날, 아버지의 암 말기가 어느 정도 완치가 된 날. 이런 날들이라고만 생각하니 10년 정도에 한 번쯤 생기는 행복이 너무나 멀게만 느껴지고, 반대로 불행하고 울적한 날은 셀 수 없이 나를 감싸고 있었다.

이 책을 읽으며 작가의 행복에 대한 정의를 받아들이며 일상을 새롭게 보게 되었다. 행복은 거창하지 않다고, 결코 멀리 있지 않고 쉽게 돈으로 살 수도 있음을 말해 주었다. 여름날 에어컨을 틀고 맞이하는 낮잠은 고작 전기세 650원으로도 살 수 있으니 누구나 생각보다 쉽게 행복해질 수 있다고 생각을 전환하게 해 주었다.

나는 얼마면 행복해질까 생각하다가 단돈 천 원으로 행복했던 때

를 떠올렸다. 아이스크림 전문점에 가서 천 원으로 바를 2개 사서 남편이랑 나누어 먹으며 행복한 미소를 지었다. 어느 날 다이소에서 사 온 천 원짜리 귀여운 열쇠고리도 꽤나 마음에 들었고, 특별한 날 서로에게 써 주었던 천 원짜리 카드도 꽤 우리를 행복하게 해 주었다. 아이들은 천 원으로 젤리 한 봉지를 사서 행복을 누렸고 귀여운 고양이 미미에게 천 원짜리 츄르를 주며 행복을 느꼈다.

천 원쯤 기름값을 들여서 가까운 도서관에 가면 기다리던 책을 만나서 행복할 수 있다. 천 원이 안 되는 통화요금을 부담하면 부모님께서 좋아하실 안부 전화를 할 수 있고, 힘든 동료에게 박카스 한 병 사서 주면서 힘내라고 응원하면 서로 행복해진다.

물론 조금 더 써서 만 원에 행복해지는 방법도 있을 것이고, 생각보다 더 큰 금액으로 우리는 더 짜릿한 큰 행복을 느끼기도 한다. 하지만 생각보다 작은 행복, 조용한 행복이 얼마든지 있다. 어떤 행복이 이렇게 사소하고 조용한지 스스로 깨닫느냐에 따라 우리는 분명 더 삶에서 행복함을 느낄 수 있지 않을까?

어느 날 버스를 탔는데 기사님이 반갑게 인사를 해 주셨다. 그리고 앉을 때까지 천천히 출발해 주셨고 다른 분들이 내릴 때도 인사를 해 주셨다. 환승을 해서 편하게 가려던 처음 계획을 수정해서, 그 버스를 타고 있는 것이 행복해져서 더 타고 내려서 걸어갔다. 어떤

> 행복은 큰 사건이 아니라,
> 작은 친절과 감사의 습관이 모여 빚어내는 삶이다.

버스 기사님은 인상을 찌푸리고, 차가 끼어들기라도 하면 욕을 하여 불안하게 하였다. 반면에 이렇게 돈은 안 들지만 작고 사소한 친절이 행복함을 느끼게 해 주었다.

그런 행복을 찾는 일환으로 매일 자기 전 감사일기를 쓰고 있다. 다른 사람이 해 준 작은 친절과 호의만으로도 행복했던 적이 있고, 누군가에게 작은 친절이나 선물을 하고 기분이 좋았던 적도 꽤 있다. 그런 기록을 하면서 오늘의 작은 행복을 떠올리게 되고, 시간이 지나면서 그런 기억에 미소를 짓게 된다. 따듯한 추억들과 몽글해지는 기억들이 아주 많이 사소할지라도 나는 그 행복의 조각들을 조금씩 모아 보고 싶다. 그런 하루들이 모이면 꽤 괜찮은 인생이 될 거라는 확신이 든다.

아무 일도 일어나지 않았기에 행복하고 특별히 불편하거나 큰 불행이 닥치지 않았기에 감사함으로 하루를 살아가는 습관이 모인다면 분명 전보다 더 행복해질 것이다.

소소한 행복을 만나는 데 도움이 되는 책

1. 『불편한 편의점』, 김호연 지음
   - 동네의 작고 불편한 편의점을 중심으로 사람들의 따듯한 마음을 느끼게 해 줍니다. 그 책을 통해 어떤 행복도 멀리 있지 않음을 알려줍니다.

2. 『지금 사랑한다고 말하세요』, 김창옥 지음
   - 행복이 불안한 사람이라는 소주제에서부터 작가는 행복에 익숙하지 않은 예전 모습에서 점점 나아지면서 소소한 행복을 누리는 모습을 보여 줍니다.

3. 『단 한 번의 삶』, 김영하 지음
   - 삶이 일회용이라는 말에 처음에 놀라고 돌아보니 현재에 충실하고 삶을 아껴가며 잘 사용해야겠다는 생각이 들게 해 줍니다.

옥 샘

03 달리기와 쓰기가 내게 들려준 이야기

난생처음 달리기를 시작했다. 동네에서 사귄 마음 맞는 친구들이 주말마다 달리기를 한다며 모임에 나를 초대했다. 달리기 앱을 깔고 초보자용 프로그램을 살펴봤다. 8주간, 주 3회씩 총 24회의 일정으로 달리는 과정이었다. 이 프로그램만 성실히 따라가면 30분 동안 쉬지 않고 달릴 수 있다고 했다. 1회차를 눌렀을 때 명랑한 목소리와 함께 천천히 걷기부터 시작하라는 안내 음성이 흘러나왔다. 왠지 나도 쉽게 할 수 있을 것 같았다.

첫날 모인 사람은 네 명. 두 명은 이미 달리기를 꽤 해 본 경력자였고, 나와 다른 한 명은 완전 초보였다. 1주 1회차는 1분 달리고, 2분간 걷기를 다섯 번 반복하는 방식이었다. 시작 전에는 '설마 1분도 못 달리겠어?' 하고 자신만만했다. 머리카락을 휘날리며 가볍게 뛰었다. 하지만 막상 뛰어보니 1분이 이렇게 길 수가 없었다. 60초가 마치 600초처럼 느껴졌다. 이어지는 걷기 2분은 어찌나 짧던지. 이제 좀 쉴 만하면 어김없이 다시 달리라는 안내가 들려왔다. 앞에서 쉬지 않고 달리는 두 친구가 그토록 대단해 보일 수가 없었다.

*불가능을 가능으로 바꾸는 힘은,
한 걸음 더 내딛는 작은 다짐에서 시작된다.*

　달리는 내내 '이걸 내가 왜 하고 있지? 집에서 편히 쉬면 될 텐데, 괜히 고생을 사서 하네'라는 생각이 머릿속에서 떠나지 않았다. 몸이 점점 무거워졌다. 더 이상 한 발짝도 내디딜 수 없었다. 목이 타고 숨이 찼다. 달리기를 하지 않을 온갖 핑계만 떠올랐다. '한 번으로 충분해.' 이미 마음은 굳어졌다. 하지만 친구들이 내일도 뛰자고 할 때 거절하지 못했다.

　처음에는 뛰는 게 너무 힘들어 걷는 시간만 기다렸다. 1분을 뛰고 걷기가 이어지면 살 것 같았다. 천국의 시간 같았다. 다시 어김없이 달리기가 이어지면 끌려가는 사람처럼 뛰어야만 했다. 30분을 쉬지 않고 달리는 일은 내 인생과는 거리가 멀다고 여겨졌다. 30분을 달릴 수 있는 사람들은 나와는 전혀 다른 유전자를 가진, 타고난 능력자이자 별종처럼 보였다. 헉헉거리며 달리는 나. 누가 보면 마치 국가대표 선수가 훈련하는 줄 알 정도였다.

　'한 발만 더, 저기까지만 달리고 쉬자. 조금만 더 힘내자.'

　달릴 때마다 스스로 달랬다. 억지로 달리기를 하면서도 12회차가 넘어가자 조금씩 탄력이 붙기 시작했다. 이왕 시작한 거 24회 프로그램을 끝까지 완주해 보자고 다짐했다. 두 달간 꼬박 주 3회씩 달리기를 하다가, 겨울이 되니 '학기 말이라서', '눈이 와서', '날이 추워서'라는 온갖 핑계로 12월과 1월에는 주 1회만 달렸다. 그럼에도 포기하지 않았던 건, 아마도 그간 달려온 시간이 아까워서였을 것이다. 아니면

멈추지 않으려는 작은 고집 덕분이었을지도 모른다. 내게 이런 면이 있었다니 놀라웠다.

그렇게 한 걸음씩 참고 달렸다. 드디어 5개월 만에 30분을 쉬지 않고 달리는 내 모습과 마주했다. 1분만 달려도 힘들어서 주저앉고 싶은 순간이 한두 번이 아니었다. 지금은 40분을 달려도 거뜬하다. 믿을 수 없는 변화였다. 처음에는 2.24km가 한계였다. 하지만 지금은 10km 달리기에도 도전할 수 있게 되었다.

요즘 나는 글쓰기를 통해 또 다른 도전에 나서고 있다. 아무도 시키지 않았다. 글쓰기가 특별히 즐거운 것도 아니다. 그럼에도 굳이 시간을 내어 배우러 간다. 정작 글은 잘 써지지 않아 속만 상한다. 그래서 글을 쓸 때마다 '내가 왜 굳이 이걸 하고 있지?' 하는 생각이 스치곤 한다.

글 잘 쓰는 사람이 멋져 보이고, 나도 그런 멋진 사람이 되고 싶어서 시작한 글쓰기가 버거울 때가 많다. 쓸수록 실력이 늘기는커녕 오히려 내 한계만 드러나 마음이 더 힘들다.

글을 쓰면서 '나는 재능이 없구나'를 절실히 느낀다. 글 잘 쓰는 사람들을 보면, '저 사람은 문학적 감각이 타고난 거야'라고 쉽게 단정 짓는다. 그저 나와는 완전히 다른 세상의 사람처럼 보인다. 그러던 어느 날, 이슬아 작가의 『부지런한 사랑』을 읽다가 번쩍 띄는 문장

을 만났다.

"나는 글쓰기만큼 재능의 영향을 덜 받는 분야가 없다고 생각한다. 시간과 마음을 들여서 반복하면 거의 무조건 나아지는 장르이기 때문이다. 꾸준하지 않으면 재능도 소용없는 세계이기도 하다."

— 『부지런한 사랑』 중에서, 이슬아

나에게 들려주기 위해 특별히 쓴 문장 같았다. 그 구절이 마음에 들어 책 띠지로 표시해 두고, 포스트잇에 적어 잘 보이는 곳에 붙여 두었다. 사진으로 기록해 두었다가 글쓰기가 힘들 때면 여러 번 다시 읽는다. 글쓰기가 어려울 때마다 이 문장을 떠올리며 잠깐이나마 위로와 용기를 얻는다.

글쓰기를 하면서 달리기처럼 멈추고 싶을 때가 온다. 그럴 때도 달리기하던 때처럼 견디며 한 문장 한 문장을 써 나간다. 때로는 한 문단을 쓰는 데 몇 시간이 걸리기도 한다. 지우고 다시 쓰기를 반복하다 보면 제자리걸음을 하는 기분이 들 때도 있다. 하지만 꾸준히 이어가다 보면 어느 순간 흐름이 잡히고, 생각이 정리되기 시작한다. 그렇게 한 문장, 한 문단을 이어가다 보면 어느새 한 편의 글이 완성되어 있다.

*달리기든 글쓰기든 오늘 한 걸음, 내일 한 문장,
그렇게 꾸준히 나아가면 된다.*

    몸으로 하는 달리기와 마음으로 쓰는 글쓰기는 다르지만, 둘은 여러모로 닮았다. 둘 다 쉽지 않다. 시작은 누구나 할 수 있지만, 멈추지 않고 끝까지 이어가는 건 그리 간단하지 않다. 실력이 늘고 있는지는 잘 알 수 없고, 늘더라도 아주 조금씩, 미세하게 나아질 뿐이다. 그 작은 차이가 쌓여 어느 날 문득, '예전의 나와는 다르구나'를 느끼게 한다.

    달리기처럼, 글쓰기도 특별한 재능이 필요하지 않다. 건강한 두 다리만 있으면 누구나 달릴 수 있듯, 펜과 종이만 있다면 누구나 글을 쓸 수 있다. 반드시 잘 쓸 필요는 없다. 많은 양을 쓰지 않아도 괜찮다. 중요한 건 한 문장씩 꾸준히 써 나가는 일이다. 이번에는 한 문장을, 다음에는 두 문장을, 그렇게 조금씩 우직하게 써 내려가다 보면 언젠가 내 안의 변화를 느끼게 될 것이다.

    오늘도 내일도 멈추지 않고 계속 달리고 계속 쓰려고 한다. 그저 오늘은 어제보다 한 걸음 더, 한 문장 더 나아가면 된다. 도전은 또 다른 도전을 불러온다는 걸 나는 믿는다.

어색한 문장을 바로 잡는 데 도움이 되는 책

1. 『이수열 선생님의 우리말 바로 쓰기』, 이수열 지음
   - 우리말을 올바르게 알고 쓰게 하기 위해 기형적 표현과 졸문, 외국어를 흉내 낸 비문을 정리하여 엮었습니다. 우리 글을 바르게 쓰기 위한 길잡이로, 간결하고 정확한 문장을 익히는 데 도움을 줍니다.

2. 『나의 한국어 바로 쓰기 노트』, 남영신 지음
   - '바르게 쓴 글 속에 아름다움이 깃든다'는 작가의 말처럼 우리말을 바르게 쓰는 방법을 안내한 책입니다. 틀리기 쉬운 어법이 잘 정리되어 있어 초고를 작성한 뒤 읽어 보면 도움이 됩니다.

3. 『기자의 글쓰기』, 박종인 지음
   - 32년간 기자로 활동한 작가가 강의한 글쓰기 강좌를 재구성한 책입니다. 모든 글에 공통으로 적용되는 원칙을 알려주며, 쉽고 명확하게 글쓰기에 접근할 수 있도록 돕습니다.

권민경

04 단짠 단짠 글쓰기

"말로는 그랬다. 사랑은 지는 것이라고. 지고서도 마음 편한 것이라고. 그러나 정말로 지고서도 편안한 마음이었을까?"

― 『꽃을 보듯 너를 본다』 중에서 '나의 사랑은 가짜였다', 나태주

글을 써 보고 싶었다. 직장에서 맡은 업무를 하느라 어쩔 수 없이 써야 하는 글이 아니라 내 안에서 꼬물거리는 진짜 나의 이야기를 언젠가는 꼭 써 보겠노라 다짐했었다. 때마침 올해 육아휴직을 하게 된 것이 글을 쓸 좋은 기회가 되었다. 나는 이 귀한 시간을 알차게 쓰려고 촘촘하게 계획을 세웠고, 부족한 독서량을 마을 도서관에서 채우며 동화 쓰기에 도전했다.

내 아이에게 동화책을 읽어줄 때는 몰랐는데, 그 짧은 이야기 속에도 기승전결의 구도가 있었고, 위기와 갈등을 곳곳에 넣어 독자가 지루하지 않게 쉼 없이 끌어당기는 장치가 필요했다. 그리고 책을 덮는 순간 마음을 노크하는 한 스푼의 감동까지.

동화를 쓰는 일은 예상보다 어려웠다. 재능 없는 내가 괜히 도전한 건가 하는 생각마저 들었다. 직장에서는 근무한 지 20년이 넘은 중견

나는 글을 잘 써서가 아니라, 좋아서 시작했고
그 마음이 지금도 나를 쓰게 한다.

교사였지만, 이 분야에서 나는 명함도, 출간한 책도 없는 그야말로 생초짜였다. 출판사에 투고하며 받았던 수많은 거절 메일들, 될 듯 말 듯한 희망 고문과 출판사와의 미팅은 새로운 세계에 발을 딛고 도전한 값이자, 글쓰기 초짜의 달콤 쌉싸름한 인생 공부가 되었다.

　자존감이 바닥을 치면서 땅굴을 파 내려갈 무렵, 서점에서 우연히 나태주 시인의 책을 만나게 되었다. 시 한 줄, 글자 하나에 응축되어 맺혀진 감정을 따라가며 가슴 깊이 공명했다. 언제인가 텔레비전에서 나태주 시인이 했던 말이 떠올랐다. 단어 하나가 생각나지 않아서 며칠을 괴로워하노라고. 창작의 고통은 존경받는 시인도 피할 수 없는 것인데, 글을 쓰기 시작한 지 고작 반년 만에 재능을 핑계 삼고 싶어 하다니.
　나태주 시인의 시집을 넘기다가 어느 시의 제목이 내 눈길을 사로잡았다. 바로 「나의 사랑은 가짜였다」라는 시였다. 이 시를 읽으며 나는 찬물에 세수하듯 정신을 차렸다. 그리고 나의 내면을 진지하게 들여다보았다. 쓰기의 시작은 '그냥 좋아서'였다. 내 이야기를 글로 풀어내고 싶은 마음이 자판을 두드리게 했고, 글 속 인물들과 함께 호흡하다 보면 어느새 이야기가 완성되어 있는 신기한 경험을 하게 되었다. 물론 그 과정이 즐겁지만은 않았다. 좋은 표현이 떠오르지 않아서, 이야기 구성이 마음에 들지 않아서 머리를 수도 없이 쥐어

뜯었다. 그리고 이러한 고통은 여전히 현재 진행형이다.

얼마 전에 만난 친구가 나를 보더니 이런 말을 했다. 육아휴직인데 왜 그렇게 쉬지도 않고 힘들게 그런 걸 하느냐고. 친구의 말을 듣고 생각해 보니 나에게 글을 쓰는 것이 즐거운 일이라 누가 시키지 않아도, 그 과정이 힘겹더라도, 설령 지금 누군가에게 인정받지 못한다 하더라도 계속해서 쓰고 있음을 자각하게 되었다. 힘들 때면 종종 가짜가 아닐까 하는 의심이 들기도 했지만, 그 와중에도 머릿속으로 끊임없이 이야기를 구상하는 나를 보며 내 사랑이 진짜임을 확신할 수 있었다.

많은 장르 중 내가 왜 동화를 선택했는지를 떠올려 보았다. 여러 가지 이유가 있었는데, 그중 첫 번째는 아이들이었다. 긴 세월 동안 만나온 아이들의 웃음과 추억, 눈물이 켜켜이 쌓여 내 안에 있었다. 교사로서 경험한 서사들을 아이들의 눈높이에서 풀어내어 마음을 두드릴 수 있다면, 백 마디 훈계나 그 어떤 잔소리보다 깊은 울림을 줄 수 있을 거라는 생각이 들었다. 게다가 아이들이 집 다음으로 시간을 많이 보내는 곳이 학교이기 때문에 교사는 그 누구보다도 근거리에 있는 관찰자가 된다. 이런 점에서 나의 직업은 동화를 쓰기에 정말 유리한 조건이었다.

그리고 두 번째 이유는 동화의 매력에 있었다. 동화는 문학의 영

글쓰기의 비밀은 잘하려는 욕심이 아니라,
의심 없이 꾸준히 쓰는 것이다.

역이다. 글을 쓰는 사람이 상상한 인물들에게 숨을 불어 넣어 다른 세상에서 살아가도록 하는 절대적인 힘을 가지고 있다. 동화를 쓰는 동안 나는 절대 반지의 힘을 경험하며 지금껏 느껴 보지 못한 재미와 즐거움을 느꼈다. 둘째가라면 서러울 만큼 캠핑과 여행을 즐기는 나를 자발적으로 칩거하도록 만들다니, 그 중독성이 실로 대단했다.

두 계절 동안 정말 무식하게 글을 썼다. 어떻게든 책을 읽고, 달싹거리는 엉덩이를 의자에 앉혀 가며 깨닫게 된 것은 글쓰기에는 지름길이 없다는 것이다. 나와 독서 모임을 함께했던 배정화 선생님이 『교사의 책 쓰기』라는 책을 출간하셨는데, 그 책에도 이런 말이 나온다.

'쓰기의 비결은 단지 그냥 쓰는 것이다.'

정말 그렇다. 잘 쓰려면 꾸준히 계속 써야 한다. 글을 잘 쓰고 싶다는 욕심만으로는 필력이 늘지 않는다. 특출난 재능이 있다면 모를까, 오랜 시간과 노력을 들여야 한다는 점에서 누구에게나 참 공평하기도 하다. 특히 나처럼 평범한 사람은 남들보다 더 많은 시간이 소요되기도 한다. 그리고 그 과정에서 한계가 온다면 글을 쓰는 방법을 배우는 것도 필요하다. 비싼 글쓰기 수업이 아니더라도 온라인 강의나 마을 도서관에서도 도움 되는 프로그램을 찾을 수 있다.

글쓰기에 도전하고 싶은 분이 계신다면 이렇게 말해 주고 싶다.

"의심하지 말고 그냥 쓰자. 글을 쓰면서 재미있고 행복한 경험을 한다면 그것으로 이미 충분하다!"

처음 쓰는 당신에게, 책 쓰기의 로드맵을 그려 주는 책

『교사의 책 쓰기』, 배정화 지음
- 이 책은 현직 교사의 출간 경험을 담은 책 쓰기 길잡이입니다. 글을 어떻게 써야 하는지부터 책 판매까지의 과정을 단계별로 짚으며 자세히 안내해 줍니다. 저자는 글을 쓴다는 건 나를 만나는 일이고 글에 담아낸 나의 이야기가 책이 되어 다른 사람들에게 닿아질 때, 인생에도 놀라운 변화가 찾아온다는 것을 알려주고 있습니다. 변화의 첫 발걸음을 만들어 주는 책, 글을 쓰며 다른 인생을 꿈꾸는 이들에게 현실적인 조언과 울림을 주는 책입니다.

장홍영

05 매일 빛나고 있는 당신에게

"인생에는 한 가지 정답이 없지만, 사람은 자신이 원하는 꿈을 알고 그것을 실천할 때 행복하다는 깨달음을 얻었다."

— 『당신의 꿈은 무엇입니까』 중에서, 김수영

꿈이란 단어는 내게 애증의 글자다. 훈민정음 삼성법의 원리로 나누면 ㄲ, ㅜ, ㅁ, 의미 없는 세 개의 자모음이 꿈이란 단어로 만나면 무게가 상당해진다. 최근 나는 꿈을 버킷리스트와 혼용하기도 하고 넓은 범위의 소망이나 바람으로 말한다. 그리고 몇몇 어린이는 장래 희망이란 의미로 떠올린다.

어릴 때에도 나는 하고 싶은 게 많은 아이였다. 성가대 오디션에서 칭찬받으며 가수를 꿈꾸기 시작했는데, 재능이 뛰어나지도 않고 노력도 하지 않았기에 가수가 되지 않은 것은 당연하다.

그런데 고3 때 무슨 바람이 불었는지 뮤지컬 학과에 원서를 내고 실기시험을 보러 갔다. 박진영의 'Honey'를 부르며 춤을 추고 옆돌기를 하던 내 모습을 상상하면 웃음이 절로 나온다. 가수가 되지는

> 꿈은 반드시 원래 모습으로 이뤄지지 않아도,
> 삶 속에서 다른 빛깔로 스며든다.

못했지만, 대학 시절 노래를 부르고 춤도 추고 연기도 하며 알차게 지냈다.

그러다 교사가 되었다. 나는 매일 교실이라는 무대에서 학생이라는 관객과 마주한다. 아이들과 눈을 맞추고 웃으며 수업을 이어갈 때, 나는 가수라는 꿈을 다른 형태로 이룬 것 같다는 생각이 든다. 꿈은 반드시 원래 모습으로 이뤄지지 않아도, 삶 속에서 다른 빛깔로 스며든다.

성인이 되곤 "꿈이 뭐야?"라는 질문을 듣기 어렵다. 직장에 다니며 반복되는 일상을 겪다 보면 꿈이라는 단어가 현실과 동떨어지고 낭만 가득한 이야기처럼 여겨지기 때문일 것이다.

어느 날 가족에게 "꿈이 뭐야?"라는 질문을 던졌다. 그러자 '건강한 삶, 편안하고 보통의 삶, 잘 먹고 잘사는 삶'이라는 답이 돌아왔다. 예전엔 특별하게 느껴지지 않던 말이 지금은 얼마나 대단한 꿈인지 안다. 평범함을 유지하기 위해서는 부단한 노력과 운이 필요하기 때문이다.

요즘 내 꿈은 무탈하게 하루를 보내는 것이다. 열심히 애쓴 하루가 무사히 지나가고 사랑하는 짝꿍을 만나면 웃음이 절로 나온다. 저녁을 먹고 소파에 앉으면 어찌나 행복한지. '나 오늘도 애 많이 썼네! 오늘도 꿈을 이뤘다!'라고 생각한다. 그러다 유독 반짝이던 내 모

시간이 지나서야 알게 됐다.
꿈을 꾸는 사람은 스스로 빛을 내는 존재라는 것을.

습이 떠오른다.

어른들은 말한다. 이젠 가진 것에 만족하며 살아야 한다고. 맞는 말이다. 출근길의 라디오, 퇴근길의 바람, 점심 먹고 마시는 아이스커피, 항상 내 편으로 곁에 있어 주는 가족 등 소소하게 느껴질 수 있는 순간들은 삶을 행복이라 여기고 살 수 있게 만든다. 하지만 다른 꿈을 외면할 이유는 없다.

나는 20~21세의 나를 사랑한다. 단순히 젊어서가 아니라 바라는 대학에 가기 위해, 장학금을 받기 위해, 부단히 노력하던 내 모습이 너무 예뻤기 때문이다. 지금 그때의 나를 떠올려보면 꿈을 향해 집중하고 전념하는 모습이 반짝반짝 빛이 나서 절로 흐뭇해진다.

시간이 지나서야 알게 됐다. 꿈을 꾸는 사람은 스스로 빛을 내는 존재라는 것을. 김수영 작가가 1년간 만난 25개국 365명의 사람이 꿈을 이야기할 때 얼마나 빛나 보였는지 모른다. 어떤 사람이 특별해 보이고 그 사람에게 에너지가 느껴지면, 그 사람은 틀림없이 꿈이 있는 사람일 것이다.

> 가족에게 자랑스러운 사람 되기, 사랑하는 가족과 행복하게 살기, 우리 가족 건강하기, 아름답고 다정한 소설 쓰기, 내가 쓴 동화로 우리 반 학생들과 북토크하기, 누군가에게 힘이 되는 노래 만들기, 다양한 사람을 만나며 세계 여행하기, 부자 되기, 힘들어하는 후배에게 든든한 선배 되기, 아이들이 좋아하고 배울 점이 있는 선생님 되기, 학부모와 아이의 교육에 대해 즐겁게 이야기 나누기, 세상에 도움이 되는 사람 되기….

    위 내용은 내 꿈의 일부이다. 아직은 미미한 빛만 내고 있지만, 이 모든 꿈은 나를 이루는 조각이다.

    누군가는 세상을 바꾸는 꿈을 꾸고, 누군가는 자신과 주변의 세계를 따뜻하게 만들고자 한다. 어떤 꿈이든 진심에서 우러났다면 모두 존중해야하지 않을까?

    우리는 꿈을 꿈으로써 스스로 빛을 낼 수 있는 존재다. 그러니 숨기지 말자. 내 꿈이 반짝반짝 빛날 수 있게 꺼내어 주자. 그리고 그 꿈을 향해 걸어가는 동안 소소한 바람과 커피의 행복도 잊지 말자. 인생은 두 가지의 꿈을 함께 품을 때 더욱 찬란해질 테니까.

    매일 반짝반짝 빛나고 있는 당신에게 묻습니다. 당신의 꿈은 무엇입니까?

매일 빛나고 있는 당신을 위한 책

1. 『으랏차차 뚱보클럽』, 전현정 지음
   - 행복한 뚱보로 살고 싶은 은찬이는 비만 전문 모델 엄마의 다이어트 압박을 받으며 삽니다. 은찬이의 다이어트와 역도 선수 도전기는 어떻게 흘러갈 것인지 지켜봐 주세요.

2. 『네 꿈을 응원해, 권투 장갑!』, 유설화 지음
   - 장갑 초등학교 시리즈 중 하나로, 무엇이든 될 수 있는 아이들의 꿈을 응원하는 귀여운 그림책입니다.

3. 『장래 희망은, 귀여운 할머니』, 하정 지음
   - 작가가 만난 귀여운 스웨덴 아네뜨 할머니와 주변 사람들의 이야기를 읽으면 좋아하는 일, 가족, 인간관계 등에 대해 생각해 볼 기회를 선물 받게 됩니다.

정수진

06 사랑, 기록의 시작

"왜 글쓰기를 하세요?"

『교사의 책쓰기』를 쓴 배정화 작가의 질문이 강연장에 조용히 내려앉는 순간, 나는 문득 숨이 막혔다. 글을 써 왔지만 정작 스스로에게 '왜 쓰는가?'라고 물어본 적은 없었다. 글을 쓸 때마다 마음속에 일렁이던 감정들을 또렷한 언어로 표현하는 일도 쉽지 않았다. 시간이 흐를수록 조급함은 커져만 갔고, 흩어진 단어들은 이리저리 엮어도 제자리를 찾지 못했다. 그러다 문득 기억 속 한 편의 글에 생각이 멈춰 섰다. 엄마가 돌아가신 지 8년째 되는 해에 처음 썼던 글이었다.

"오래전부터 생각해 왔다. 나의 엄마에 대해, 엄마가 된 나에 대해, 그리고 이 세상의 평범한 엄마들에 대해 글을 쓰고 싶다. 그리고 기억하고 싶다."

글쓰기를 배운 적도 없는 내가 글을 쓰고자 마음먹은 것은 바로 엄마를 기억하고 싶은 마음 때문이었다. 하지만 김신지 작가가 말했듯, 기록은 쉽지만 기록하지 않는 것은 더 쉬운 일이라 엄마에 대한 기록은 항상 뒷전으로 밀려나기 일쑤였다. 그러다 엄마에 대한 기억이 하나둘씩 희미해지고, 엄마 목소리조차 가물가물해질 때쯤 조바

엄마를 향한 감사와 존경의 고백이자, 언젠가 아이가 세상에 홀로 서는 순간에도 부모에게서 받은 사랑을 잊지 않길 바라는 기도였다.

심이 났다. 엄마를 잊을까 두려운 마음이 몰려와 지금 바로 글을 쓰지 않으면 안 된다는 생각이 나를 압도했다.

임신 중에 엄마를 갑자기 떠나보내며 마음껏 슬퍼하지 못했던 죄책감과 엄마에 대한 그리움, 그리고 엄마가 되어서야 선명하게 보이는 엄마의 삶에 제대로 감사함을 표하지 못했던 아쉬움이 한꺼번에 터져 나왔다. 그렇게 그날 엄마에 대한 글을 썼고, 왜 글을 쓰게 되었는지 고백하듯 쓴 글이 나의 첫 글이 되었다. 기억하기 위해 시작한 글쓰기는 몇 편의 글로 완성되어 지금도 가끔 들여다보는 엄마 기억 창고가 되었다. 글을 쓰며 헝클어진 마음을 정리할 수 있었고, 엄마를 떠올렸을 때 더 이상 슬픔이나 죄책감에 매몰되지 않을 수 있었다.

갑작스러운 사고는 내가 사랑한 모든 것은 언젠간 사라지고, 나 또한 사라질 수 있음을 분명하게 일깨워 주었다. 엄마를 잃은 지 한 달 만에 엄마가 된 나는 내 사랑이 아이에게 전해지지 않을까 봐 두려웠다. 그래서 아이에게 기억을 선물해 주고 싶었다. 세상 무엇과도 바꿀 수 없는 소중한 존재이며 엄마에게 온전한 기쁨을 주는 사람이었다는 사실을 아이에게 반드시 알려 주고 싶었다. 갑자기 아이의 곁을 떠나게 되어 직접 말해 줄 수 없더라도 나대신 그 사랑을 전해 줄 무언가가 필요했고, 그것은 바로 육아일기였다. 그렇게 딸을 향한 마음과 많은 순간을 기록하기 시작했다.

　아이가 생긴 것을 안 순간부터 쓴 일기는 엄마의 부재 이후 더 애틋한 마음이 담겨 딸에 대한 사랑의 기록이 되었다. 그 덕분인지 아이는 책상에서 손이 제일 잘 닿는 곳에 육아일기를 꽂아 놓고 시시때때로 읽는다. 때로는 육아일기를 쓴 나조차도 잊고 있던 이야기를 외우다시피 하고, 자신 때문에 엄마가 좋아하는 커피도 못 먹었느냐며 눈물을 흘리기도 한다. 그런 모습을 보면 13년 전의 일이 어제처럼 선명하게 되살아난다. 『빅토리 노트』에서 김하나 작가는 5년 동안의 육아일기를 통해 자신이 기억하지 못하는 또 하나의 인생이 생긴 것 같다고 했다. 그 말처럼 내 아이 역시 태아 시절을 직접 기억할 수는 없지만, 내가 남긴 기록 덕분에 그 시간을 잃지 않게 되었다.

　이렇게 되돌아보니 나의 글은 곧 기록이었고, 그 기록은 사랑이었다. 엄마를 향한 감사와 존경의 고백이자, 언젠가 아이가 세상에 홀로 서는 순간에도 부모에게서 받은 사랑을 잊지 않길 바라는 기도였다. 이제는 그 기록의 반경을 넓혀 가르치는 것에도 용기가 필요한 교실을, 평범하게 그지없는 일상을, 소소한 행복을 찾아냈던 하루를 기록한다. 그리고 글을 쓰며 깨닫게 된다. 버겁다 느꼈던 교실이 사실은 좋아하는 일터였음을, 아무 일 없던 하루는 열심히 살아낸 결과였음을, 소소한 기쁨 덕에 하루를 큰 행복으로 마무리할 수 있었음을 말이다. 이렇듯 글쓰기는 나를 더 이해하는 시작이자 나를 지

키는 힘이 되었다. 낱개의 기록들이 반복되는 시간의 힘을 얻어 점차 귀한 기억이 되었다.

이제는 왜 글을 쓰냐는 질문에 명확히 대답할 수 있다. 사랑하기 때문에 글을 쓴다고. 사랑하는 모든 것을 기억하기 위해 오늘도 글을 쓴다. 그리고 글을 쓰며 더 사랑하게 된다.

"지금 사랑하고 있는 것들을 기록하세요. 우리가 사랑한 모든 것은 언젠가 사라질 테니까요. 하지만 우리는 기억할 수 있습니다. 기록해 두기만 한다면요."

- 『기록하기로 했습니다』 중에서, 김신지

06 사랑, 기록의 시작 정수진

기록과 쓰기의 맛을 알고 싶을 때 도움이 되는 책

1. 『내가 좋아하는 것들, 쓰기』, 김재용 지음
   - 쉰 살부터 글쓰기를 시작해 글쓰기로 행복해지는 법을 가르치고 있는 작가의 이야기가 펼쳐집니다.

2. 『모든 요일의 여행』, 김민철 지음
   - 여행 속에서 펼쳐지는 카피라이터의 독창적인 시선을 따라가다 보면 어느새 공감을 하고 있는 자신을 발견할 수 있습니다.

3. 『빅토리 노트』, 이옥선, 김하나 지음
   - 엄마가 정성껏 써 내려간 5년간의 육아일기는 딸의 인생 보물이 되고, 오랜 시간이 지나 다시 읽는 순간 사랑의 기억을 함께 되새기는 모녀를 만날 수 있습니다.

손미주

07 글로 묶는 마음의 매듭

"명심해요. 슬픔과 당신은 동의어가 아닙니다. 매일 아침, 근면하고 성실하게 출근하는 당신은 잘 웃고 명랑하고 감탄하는 사람이에요. 보이지 않는 슬픔이 가장 클 뿐, 그보다 더 복잡하고 다채로운 마음이 넘치는 사람입니다. 다른 누구 말고 자기 자신을 위해 마음을 글로 쓰길 바라요.… 글 쓰는 동안에 당신의 마음은 소모되지 않고 당신이라는 사람을 빚어나갈 거예요. 당신이 당신이라는 것. 괜찮아요. 다 괜찮아요. 당신이 계속 글을 썼으면 좋겠습니다."

-『마음 쓰는 밤』 중에서, 고수리

세상에는 멋진 글이 넘쳐난다. 마음을 건드리는 섬세하고 반짝이는 문장을 만나면 두근대는 마음을 어찌하지 못하고 노트북을 켰다. 그들처럼 글을 쓰고 싶었다. 누군가의 마음에 가닿는 글을 한 줄이라도 쓸 수 있다면 얼마나 좋을까 부러워하면서. 하지만 내 글은 늘 어설펐다. 머릿속에서는 분명 괜찮은 문장이었는데 옮기고 나면 어째서 이렇게 볼품 없어지는 걸까. 그때마다 이런 글을 쓰는 내가 불만족스러워서 얼굴을 감싸고 괴로워했다. 탄성을 자아내는 아름다

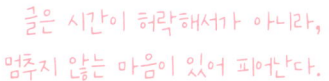

운 글을, 누군가의 마음속에 오래 잊힌 문 하나를 열어 '아, 나도 이런 생각을 했었지' 하고 조용히 고개를 끄덕이게 하는 글을 쓰고 싶었다. 그 바람은 멀고도 아득하게 느껴졌다. 그런데도 쭈굴거리는 마음 한구석에는 여전히 작고 뜨거운 무언가가 꿈틀거리고 있었다. 마치 겨울 땅속에서 아직 봄을 모르는 씨앗처럼, 차갑고 단단한 흙 속에 묻혀 있으면서도 기필코 살아내려는 작은 생명이 계속 숨을 쉬고 있었다.

현실은 녹록지 않았다. 책을 읽을 시간은 빠듯하고 글을 쓸 시간은 턱없이 부족했다. 퇴근길 차 안에서는 꾸벅꾸벅 졸았고, 집에 오면 침대에 뻗어 버렸다. 짧은 휴식 시간마저도 온전히 누리지 못했다. 나는 엄마이기도 하니까. 아이들을 챙기고 집안일을 끝내고 나면 언제나 눈이 감겼다. 퇴근 후 혼자만의 시간을 맘껏 즐길 수 있는 이들이 부러웠다. 카페에서 여유롭게 책을 읽거나 노트북에 무언가 적어 내려가는 사람들을 보면 은근히 샘도 났다. 그들처럼 맘 편하게 책을 읽고 온전히 집중해 글을 쓸 수 있다면 얼마나 좋을까.

그래서일까. 나와 같은 생각을 했던 작가에게서 위로를 받았다. 엄마로 살면서 멈췄던 자신의 시계를 다시 돌리고 쪽글을 쓰는 작가를 떠올렸다. 가족들이 모두 잠든 새벽, 작은 스탠드 불빛 앞에 앉아 조용히 써 내려갔을 소중한 문장. 그 문장이 한 줄, 또 한 줄 피어나

기까지 얼마나 많은 밤을 지새웠을까. 쓰다가 지우고, 다시 쓰다가 또 지우고를 수없이 반복하며, 마침내 내면 깊은 곳 목소리를 찾아갔을 시간이 선명하게 다가왔다.

글쓰기는 단순히 멋진 문장을 쓰는 기술이 아니었다. 글을 쓰며 슬픔도 아픔도 미움도 충분히 느껴 보았지만, 그 끝에 남은 것은 기쁨이었다는 고백은 어둠을 통과해 본 사람만이 할 수 있는 말이었다. 다른 사람과 비교하면서 멋진 문장을 쓰려고 잔뜩 힘을 주었다면 느끼지 못했을 기쁨이다. 내가 글을 쓰면서 괴로웠던 건 인정을 받고 싶다는 욕심에서였다. 마음을 들여다보지 않았기에 진솔한 글을 쓸 수 없었다. 결국 글쓰기는 고통을 외면한 채 얻는 얄팍한 행복이 아니라, 오래 묻어둔 상처를 직면하며 삶의 의미를 더듬어 찾아가는 길임을 아주 늦게서야 알아차렸다.

요즘 글쓰기 모임에서 일주일에 한 번씩 사람들과 만나 글을 쓰고 소감을 나눈다. 글쓰기에 주어진 시간이 길지 않아서 떠오르는 대로 후다닥 쓰는데, 내가 쓴 글을 낭독할 때면 왈칵 눈물이 난다. 울고 싶지 않았는데 자꾸만 목이 메어 읽다가 멈춘다. 사람들은 그런 나를 보며 함께 울어 준다. 처음에는 부끄러웠고, 감정이 복받치는 이유를 몰라 당황스럽기도 했다. 회차를 거듭할수록 알게 됐다. 그 눈물은 오랫동안 억눌린 마음들이 비로소 숨 쉬는 소리라는 걸. 내 안에 엉켜 있

> 글쓰기는 나를 무채색의 사람에서,
> 다채로운 감정을 지닌 내 삶의 주인으로 이끌어 주었다.

는 혼란스러운 감정의 실타래를 조심스레 풀어나가는 과정임을.

'슬픔과 나는 동의어가 아니라고, 보이지 않는 슬픔이 가장 클 뿐 그보다 더 복잡하고 다채로운 마음이 넘치는 사람'이라는 말을 몇 번이고 되뇌어 본다. 나는 매일 성실히 출근하는 평범한 사람이다. 슬프고 우울하며 무기력에 잠기기도 하지만, 때로는 환하게 웃고 쉽게 감탄하기도 하는 사람이다. 이 사실을 예전에는 잊고 살았다. 우울과 무기력이 너무 컸기에 나를 무채색의 단조로운 사람이라 여겼다. 스스로를 겁 많고 불안하고 소심한 사람이라 생각했다. 하지만 이제는 다르다. 내 안에 깃든 여러 감정이 하나같이 소중하게 느껴진다. 느끼는 게 더 이상 두렵지 않다.

다른 이들이 들려주는 이야기도 참 좋다. 누군가와 진심으로 연결된다는 게 이런 걸까. 삶에서 길어 올린 이야기들이 모니터를 통해 전해질 때, 내가 혼자가 아니라는 사실을 실감한다. 우리는 모두 각자의 언어로 살아가지만, 그 언어들이 만나는 지점에서 공감이 피어나고 위로가 번져 간다. 그래서인지 글을 나누고 나면 마음이 개운하다. 앞으로도 혼자 쓰는 막막한 글 말고 함께 나누는 빛나는 글을 쓰고 싶다.

조금씩 끄적여 가던 글들이 쌓이면서 내 삶도 달라짐을 느낀다. 글쓰기는 나에게 내 삶의 주인이 되는 방법을 가르쳐 주었다. 수동

서툰 문장 하나하나가 모여,
마침내 내 삶만의 별자리를 그려 간다.

적으로 일상에 휩쓸리는 것이 아니라, 능동적으로 의미를 찾고 해석하며 살아가는 법을 알려 주었다. 답답한 상황에 직면할지라도 글을 쓰면 문제를 명확히 들여다볼 수 있었다. 그 과정에서 새로운 길이 보이기 시작했다. 새로운 길을 따라 걷다 보니 내게도 꿈이 생겼다. 무기력했던 내가 지금은 같은 꿈을 꾸는 이들과 연결되어 함께 성장하고 있다. 아이들에게도 꿈꾸라고, 꿈꾸는 대로 살아갈 수 있다고 자꾸 힘주어 말하게 된다.

나는 아직도 내 상처에 이름을 붙이는 중이다. 꺼낼 때마다 주저하고 여과해서 쓸 수밖에 없지만, 때로는 나에게 골몰해 아무에게도 울림을 주지 못하는 부끄러운 글들을 써 내려가지만 서툴러도 괜찮다고 말하면서 한 걸음씩 나아간다. 언젠가는 작가처럼 다정한 마음으로 섬세하게 어루만지는 글을 쓸 수 있을지도 모르겠다. 그날을 기다리며 어떻게든 나만의 매듭을 지어 보려 한다. 슬픔도 미움도 괴로움도 삶의 빛으로 매듭짓고 다시 나아가려 한다.

글쓰기는 내 삶에 별빛을 심는 일이다. 하루하루 써 내려가는 문장들이 모여 나만의 별자리를 만들어 간다. 나를 위해 심고 있는 별빛들이 어둠 속에서 길을 잃은 누군가에게 작은 위로가 될 수 있다면, 그것만으로 충분하다. 나는 아직 무엇으로 자라날지 모르는 씨앗이니까. 별빛을 받고 자라날 씨앗이니까. 그러니 조급한 마음에 내 안의 씨앗을 다그치지 않기로 마음먹는다. 씨앗이 품은 잠재력을 믿으며 오늘도 써 내려간다.

  글쓰기를 통해 나는 내 삶을 다시 쓰고 있다. 부끄럽지 않은 내가 되어 가고 있다.

진정한 나를 만나는 데 도움이 되는 책

1. 『쓰기의 말들』, 은유 지음
   - 다양한 작가들의 글쓰기 명언과 저자의 생각을 통해 글쓰기가 우리의 삶에 어떤 의미를 지니는지, 어떻게 자신만의 언어를 찾아갈 수 있는지 안내합니다.

2. 『치유의 글쓰기』, 셰퍼드 코미나스 지음
   - 마음 밑바닥까지 내려가 남김없이 자신의 이야기를 쓸 때, 부서진 마음은 회복되고 앞으로 나아갈 수 있다고 말합니다. 책이 안내하는 대로 따라 쓰다 보면 내게 주어진 일상이 얼마나 소중한 것인지 깨닫게 됩니다.

3. 『이해받는 것은 모욕이다』, 김정규 지음
   - 게슈탈트 심리학과 실존철학을 바탕으로 나의 깊은 내면을 직면할 수 있도록 돕습니다. 그 과정을 통해 상처받은 마음이 서서히 치유되어 갑니다.

이현정

08 글쓰기의 바다에서

벚꽃이 흩날릴 때쯤엔 내가 손을 꼭 붙잡아 줄게
가을 지나 겨울이 와도 너는 내 안에 있을 테니까—

고등학교 1학년 둘째 아들이 노래를 틀어 놓고 온 가족의 아침을 깨운다. 정작 자신은 단잠에 빠져 있기가 일쑤이면서 말이다. 더욱 얄미운 것은 마치 자신의 노래이기라도 한 듯 나에게 노래 제목을 가르쳐 주지 않는다. 노래 제목도 모른 채 그저 듣기만 하는 신세라니. 그런 아들이 기숙사에서 생활을 하게 되었다. 아들이 선곡한 음악 소리가 들리지 않는 조용한 평일 아침에 문득 아들 얼굴이 떠오른다. '일어나서 학교는 잘 갔을까?'

어쩌다 보니 아들을 넷이나 낳았다. 결혼 전에 네 명의 아이를 낳고 싶다고 주변 사람들에게 이야기를 했는데 정말 현실이 되었다. 아들들을 빼놓고 내 삶은 말할 수가 없다. 지난 시간을 돌아보면 아이들이 떠드는 소리, 흩어져 있는 물건이 주는 무질서, 각자의 요구가 담긴 외침이 혼재했다. 어느덧, 나의 손길이 필요했던 아이들이 커서 다행히 자기 일은 스스로 하게 되었지만, 그시절 육아하면서

삶의 바다는 언제나 거칠지만, 그 바다로 나아가는 용기 속에 인간의 빛이 있다.

육체적 피로감과 정서적 에너지 소진은 피할 수 없었다. 나는 매일 열심히 살고 있음에도 왜 이리 힘이 들지? 때론 아들들을 잘 키워야 한다는 부담감도 나를 짓눌렀다. 그럴수록 나의 부족한 부분이 보였다. 네 명의 아이를 보살피기에 나는 그리 강하지 못함을 느끼는 순간이 있었다. 그래서 나는 어떤 근력이든 만들기 위해 더욱 독서에 매진했다. 그러던 중에 「오후의 발견」, 「자기경영노트」에서 좋은 책과 친구들을 만났다.

『노인과 바다』를 읽는 내내 한 편의 영화를 보는 듯했다. 처음에는 바다가 고요하고 지루해 보인다. 하지만 반전이 기다리고 있었다. 노인이 바다에서 청새치와 싸움을 벌일 때의 긴장감은 그 어떤 책의 장면에 비할 바가 아니었다. 많은 사람이 『노인과 바다』를 인생 책으로 뽑는 이유를 충분히 알게 되었다.

나는 노인이 왜 좋을까? 노인은 늙고 초라하다. 얼굴은 새까맣게 탔고, 주름이 가득하다. 더군다나 어부라면서 84일 동안 고기 한 마리 잡지 못했다. 주변 어부들은 그를 '살라오'라 부른다. 하지만 바다에서 그는 강하다. 바다의 주인공이다. 그는 바다가 싸우는 대상이라기보다 어머니로 여긴다. 바다는 따뜻하고 자기의 것을 내놓아서이다. 그는 바닷속에서 일어나는 일을 꿰뚫고 있다. 고기잡이에 있어서는 철두철미하다. 그래서 멋있어 보였다. 그 어떤 이야기와 시련에도

꿋꿋이 바다로 나아가는 모습이 한없이 멋있다.

"하지만 인간은 패배하도록 창조된 게 아니야."
"인간은 파멸당할 수는 있을지 몰라도 패배할 수는 없어."

– 『노인과 바다』 중에서, 어니스트 헤밍웨이

노인은 자신이 잡은 청새치를 노리는 상어와 대치하다가 결국 청새치는 뼈만 남는다. 노인은 잡은 고기를 20kg쯤 뜯기고 나서 실망과 허탈함에 차라리 이게 한낱 꿈이었더라면 얼마나 좋을까, 집에서 침대에 신문지 깔아 놓고 누워 있다면 얼마나 좋을까 생각하면서 위의 명문장을 말한다. 꽤 유명한 구절이다. 자기경영노트 독서 모임 선생님들과 질문도 하며 함께 곱씹어 보았다. 나의 삶이라는 바다에서 나는 패배하도록 창조되지 않았다. 그렇다면 반대로 승리하도록 창조되었나? 패배와 승리는 내가 선택할 수 있다는 것인가?

올 한 해도 할 일은 많고 시간이 없어 종종걸음을 쳤다. 학교는 학교대로, 집과 아이들은 아이들대로 살펴야 했다. 시간에 쫓기며 조바심에 불안이 생길 때도 많았다. 그럴 때마다 낙심도 되었다. 그냥 편하게 있으면 될 일을 사서 고생한다는 생각이 들었다. 하지만 노인의 독백이 뇌리에 박혔다. 노인은 마음속으로는 편히 있으면 좋았을

텐데 말하기도 하지만 바다에서 삶을 좋아했다. 삶은 치열하고 매일 사투를 벌이고 별생각이 다 들지만 패배하지 않는다는 생각이 나에게 힘을 주었다. 노인이 그랬던 것처럼 그래도 나는 바다로 나가는 삶이 좋다. 더 편한 삶, 신문지 깔고 편히 누워 지내는 삶보다는 네 명의 아들과 아들들이 좋아하는 반려견 퍼티, 반려묘 도노, 튼이를 보살피는 일상이 좋다. 또 치열하게 읽고 쓰는 삶이 좋다. 읽고 쓰지 않아도 되지만 내 삶에서 승자로 살기 위해 나는 책과 함께하는 삶을 택했다.

"새벽 한기에 몸이 오들오들 떨렸다. 그러나 그는 이렇게 몸을 떨다 보면 조금씩 몸이 따뜻해지고 곧 바다에서 노를 젓게 되리란 것을 잘 알고 있었다."

- 『노인과 바다』 중에서, 어니스트 헤밍웨이

텅 빈 모니터를 바라보고 쓰다 보면 이야기가 생기고 내가 창조한 어떤 새로운 세상이 열리게 될 것이란 것을 나는 잘 알고 있다. 에세이, 동화, 그림책 다양한 글을 마주한다. 쓰기 위해서 시간을 쪼개 여러 분야의 책을 읽는다. 일상의 소재를 찾아 글을 쓰면서 글쓰기 근력이 생기고, 그 시간에 내가 스며들도록 몸에 힘을 뺀다.

"저 놈이 버티는 한 나도 버틸 수 있지 하고 그는 생각했다. 날이 밝기 시작하자 낚싯줄이 물속으로 풀려 내려갔다. 조각배는 한결같이 움직이고 있었고, 아침 해가 수평선 위에 첫 모습을 드러내자 노인의 오른쪽 어깨에 햇살이 비쳤다."

— 『노인과 바다』 중에서, 어니스트 헤밍웨이

상대가 버티는 한 나도 버틸 수 있다는 말은 생각지도 못한 용기를 주었다. 패배하지 않을 용기와 자신감을 더욱 얻는다. 오늘 하루를 버텨 내자는 마음이 많았다. 힘겹게 의무감에 버티기도 했다. 그런데 노인의 생각을 읽고 나니 버티는 것이 할 만하고 만만하게 느껴졌다. 그렇게 책을 읽으며 버텨낸 결과일까? 아이들을 낳고, 돌보느라 집에 매여 버텼던 시간이 오히려 자연스럽게 책 읽는 시간을 선물해 주었음을 깨닫는다. 또 아들 넷 엄마의 강인함을 원했는데 감사하게도 고무줄 같은 유연함이 생겼다. 그 유연함이 일상을 긍정적으로 보게 했고 읽기를 넘어 쓰면서 버틸 수 있게 해 주었다. 아들을 키우면서 했던 정리 고민은 정리 에세이로 태어났다. 이제는 아들들이 준 동심이라는 선물을 그림책과 동화로 탄생시키기 위해 읽고 쓰는 중이다. 내 인생의 글쓰기 바다에서 나는 언제까지나 버틸 것이다.

글쓰기에 힘을 주는 책

1. 『글 쓰는 여자의 공간』, 타니아 슈리 지음
   - 『글 쓰는 여자의 공간』은 문학을 사랑했던 여성 작가들의 글 쓰는 이야기가 담긴 책입니다. 치열한 삶 가운데서도 글을 쓰며 자신의 내면을 가꾸었던 그녀들의 창작 공간은 어떠했는지 살펴볼 수 있기에 글을 쓰는 환경이 여의치 않을 때 보면 힘을 얻을 수 있습니다.

2. 『소설 쓰고 앉아 있네』, 문지혁 지음
   - 『소설 쓰고 앉아 있네』는 문지혁 작가의 소설 작법서입니다. 수년간 글쓰기를 통해 얻은 경험과 팁을 전하고 있어서 소설을 쓸 때 실질적인 도움을 얻을 수 있습니다. 글쓰기의 즐거움과 용기를 얻을 만하며 창작의 세계로 나아가는 밑거름이 될 것입니다.

정다은

09 감동을 주는 사람이 브랜드다

기다렸던 오늘이 왔다. "교육전문직 시험에 합격하신 것을 진심으로 축하합니다."

작은 의자에 앉은 나를 특별하게 만들어 주던 아이들을 위해 좋은 선생님이 되고자 노력했었다. 그 과정은 아이들의 성장뿐 아니라 교사인 나에게도 '새로운 기회'라는 선물을 선사했다. 어쩌면 '아이들과 함께하는 삶'이라는 매력적인 사명으로 묵묵히 걸어왔던 시간에 대한 보상이기도 했다.

마침내 '넓은 시야로 더 많은 교육 공동체를 지원'하겠다는 비전이 이루어졌다. 이제 춤추듯 나아가면 될 일이었다. 그런데 왜인지 모르게, 내 마음은 점점 더 무거워져만 갔다.

과연 '내 선택이 옳았을까?', '이 일이 나에게 맞는 옷일까?'

교사에서 교육전문직원의 또 다른 이름인 '장학사'로 불린다는 건 새로운 변화와 적응을 의미했다. 그렇게 나는 걱정과 두려움을 안은 채, 그렇지 않은 표정의 가면을 쓰고 '교육지원청'으로 현장 실습을 나갔다.

　나의 소식에 누군가는 '빡센 곳으로 나간다.'라고 말했다. 실습을 나가는 지원청은 근무 지역에서 가장 많은 학생들과 학교를 지원하는 곳이었기 때문이다. 그 말은 곧 업무량이 많다는 뜻이다. 반면 장학사 수는 턱없이 부족하기에 개개인이 높은 강도로 일해야 한다는 의미이기도 했다. 비록 실습이었지만, 곧 나에게 닥칠 일이 분명했기에 긴장감이 스멀스멀 엄습해 왔다.

　실습 첫날, 나를 포함한 다섯 명의 실습생은 서로 의지하며 교육지원청으로 향했다. 예상치 못한 환영 가랜드와 선배들의 따뜻한 환대가 우리를 맞이했다. 그 덕분에 긴장은 서서히 풀리고, 실습의 시간은 차츰 흘러갔다.

> "친절함은 말투가 아니라, 상대가 원하는 것을 정확히 해결해 주는 전문성에서 비롯됩니다."
>
> "장학사는 1인 기업입니다. 스스로 시간을 관리하며 다양한 일정을 소화해야 하지요."
>
> "아이들을 최우선에 두고, 현장을 실질적으로 돕는 정책이어야 합니다."
>
> "각종 사업 속에도 자신만의 철학이 담겨 있어야 합니다."
>
> "아이들에게 더 많은 지원을 해 주기 위해, 안 되는 일도 방법을 찾아 실행했습니다."

철학과 열정을 품은 삶,
그 자체가 브랜드이자 감동이다.

> "어차피 해야 할 일이라면, 즐겁게 하려고 합니다. 열심히 하는 것보다 잘하는 것이 중요하니까요."
>
> "일을 끝까지 해결하려는 집념과 의지가 필요합니다. 누군가의 인생이 걸린 문제일 수 있으니까요."
>
> "전문성과 동료를 아우르는 따뜻한 사람이 되시길 응원합니다."

애정 어린 선배들의 노하우를 듣는 시간이 켜켜이 쌓여 갈수록 말라 있던 내 마음에 촉촉한 뭔가가 꿀렁거리기 시작했다. 뜨겁고 뭉클한, 어쩌면 웅장한 감정. 그 감정은 분명 감동이었다. 사람을 위한 감동이었으며 사람을 향한 감동이었다. 학생을 최우선에 두고 교육 현장을 지원하는 데 열정과 정성을 다하는 그들의 모습은 나에게 또 다른 자극으로 다가왔다. 쉴 새 없이 이어지는 업무와 다양한 사안들 앞에서, 오히려 실습생인 우리가 숙연해지는 순간도 있었다.

"보람도 있고 재미도 있어요."

어려운 상황에서도 웃으며 말하는 선배님의 모습에 경외감마저 느껴졌다. 그리고 그 순간 "사람이 브랜드다."라는 생각이 나의 뇌리를 스쳤다.

주기적으로 꺼내 보는 최인아의 『내가 가진 것을 세상이 원하게 하라』에서는 "태도가 경쟁력이다.", "내 이름 석 자가 브랜드다."라고

말하고 있다. 특히 개인이 가치 있는 브랜드가 되기 위해선 자신이 맡은 일을 잘하려 애쓰고, 무엇보다 기본과 본업에 충실해야 브랜드가 만들어진다고 강조한다. 이 글에 비춰 볼 때 실습에서 만난 많은 분들은 이미 그러한 삶을 살고 계셨다. 자기 일에 철학과 열정을 담고, 남다른 태도로 삶의 본이 되는 사람들. 그들은 존재 자체로 하나의 브랜드였으며, 삶 자체가 감동이었다. 그리고 잊고 있던 기억조차 섬광처럼 되살아났다. 함께 같은 길을 걸으며 서로를 조력해 주던 훌륭한 동료들. '남다른 태도로 감동을 주는 사람들'이 이미 곁에 있었음을 말이다.

"태도가 경쟁력이다. 씨앗 없이 꽃이 피진 않지만 씨앗을 심었다고 다 꽃을 피우진 않는다. 씨앗이 죽지 않고 자라 꽃을 피우고 열매를 맺게 하려면 물을 주고, 바람과 햇볕을 쬐어주며, 때로는 비료도 주어야 한다. 그것이 바로 태도다."

— 『내가 가진 것을 세상이 원하게 하라』 중에서, 최인아

그렇게 '빡센 지원청' 속에서, 나는 누군가에게 감동을 주는 태도와 삶을 배웠다. 무엇보다 모든 것의 궁극적인 목적과 본질은 '사람'에 있다는 것. 그 사람을 위한 교육이 빛을 발하도록 그림자처럼 뒤에서 온 힘을 다해 돕는 이들이 있었다는 사실도 말이다.

정립되지 않았던 혼란스러운 마음으로 문 두드렸던 현장 실습에서 만난 사람들. 어려움 속에서도 항상 웃으며 사람을 위하고, 삶으로 감동 주는 분들을 만난 덕분에 난 다시 앞으로 나아갈 용기가 생겼다. 또한 내 주변에 그런 사람들이 있음에 깊은 감사함을 느꼈다.

뜨거웠던 2025년 7월의 경험으로, 내 이름 석 자를 부끄럽지 않은 나만의 브랜드를 만들어 보려 한다. 그간 받았던 좋은 영향력을 더 많은 공동체에 이바지하는 삶으로. 즐거운 태도로 본업에 충실한 모습만으로도 분명 좋은 시작이 될 테다. 그러니 이제 한 발씩 나아가면 되지 않을까?

그렇게 인생 3회차는 설렘으로 시작되었다.

자기 계발에 도움이 되는 책

1. 『내가 가진 것을 세상이 원하게 하라』, 최인아 지음
   - 무조건 세상에 맞추지 말고 당신이 가진 걸 세상이 원하게 하도록 하는 일과 삶에 대한 통찰을 얻을 수 있는 책입니다.

2. 『타이탄의 도구들』, 팀 페리스 지음
   - 성공한 타이탄들이 갖고 있는 습관과 가치관을 익힐 수 있는 책입니다.

3. 『원씽 The One Thing』, 게리 켈러, 제이 파파산 지음
   - 자신만의 원씽을 찾아 그것에 집중할 수 있는 방법을 소개합니다.

변승현

10 멈출 수 있는 용기

    일홍 작가의『행복할 거야. 이래도 되나 싶을 정도로』책은 베스트셀러 중 하나이다. 모든 사람의 삶의 목적은 행복일 것이다. 제목만 보아도 행복의 주문이 가득 적혀져 있을 것 같은 이 책은, 독자들의 이목을 사로잡아 결국 구매까지 이어지게 했을 것이라 짐작된다. 나 역시 행복을 바라는 간절함으로 책을 선택하게 되었다.

    책은 평온한 날에도 읽는 편이지만, 평온한 날보다는 마음에 혼란함, 어수선함 등 불편한 감정들이 있을 때 더욱 손이 가게 되는 것 같다. 마치 마음의 안식처라고 해야 할까. 그래서 나중에 고른 책들의 제목을 보고 나면 유사성이 있다는 것을 알게 된다.
    이를 통해 책은 당시의 겪고 있는 상황과 마음을 잘 대변해 준다는 것을 알 수 있다. 겉으로 마음을 숨기려 해도 생각, 감정, 관심사에 따라 책이 선택되기 때문이다.

    처음 일홍 작가의『행복할 거야. 이래도 되나 싶을 정도로』책을 손에 쥐었을 때, 일상은 잔잔한 삶으로 흘러갔다. 이미 충분히 행복

책은 때로, 나조차 몰랐던 상처를
부드럽게 어루만지는 손길이 된다.

하게 잘 지내고 있었기에 행복을 위한 책은 시야에 들어오지 않았고, 자연스레 그 책은 책장 한쪽에 자리를 잡았다.

그러던 어느 날, 책 한 권을 가방에 넣게 되었다. 외출을 할 때면, 그날의 가방 속에는 전자책을 볼 수 있는 태블릿 또는 종이책 한 권을 가지고 다닌다. 이는 독서를 취미로 하게 되면서 생긴 습관이다. 그 덕에 자연스럽게 시간이 나게 되면 책을 읽게 되었다.

이날, 챙긴 책이 바로 일홍 작가의 책이었다. 당일 평소처럼 학생들과 있는 교실에서, 독서를 할 수 있는 틈이 생겨 책을 펼쳤다. 독서를 하며 나도 모르게 책 속으로 빠져들어 갔다. 어느 순간, 빠지다 못해 문장을 읽으면서 갑자기 눈시울이 붉어지기 시작했다. 잠깐 사이에 엄청난 감정을 느꼈기 때문이었다. 나는 평소 감정 기복이 적고 사고형으로 생각하는 사람인데, 학교에서 눈물이 나 버렸다. 눈물 버튼이 눌리는 바람에 눈물을 숨기느라 얼마나 당황스러웠는지 모른다. 평소 잘 우는 편은 아니지만, 울게 되면 눈물 버튼을 끄는 것이 쉽지 않은 사람이라는 것을 스스로 너무나도 잘 알기에 눈물 감추기에 고군분투하였다. 무심결에 챙긴 책이 나의 마음을 어루만져줄 줄 상상도 못 했다.

> "나의 괴로움을 내가 키워 내고 있음을 느낄 때, 그때야말로 단순해져야 할 때다. 흔들리는 마음은 흘러가게 두고, 버리지 못하면 잠시 보관하는 마음으로. 쏟아지는 부정에 속지 말고 마땅히 누려야 할 삶의 기초를 행해야 할 때"
>
> ― 『행복할 거야. 이래도 되나 싶을 정도로』 중에서, 일홍

눈물이 어느 정도 멈춘 후에야 눈물 버튼이 되었던 이유를 생각해 보았다. '왜 갑자기 눈물이 났을까?' 그 이유를 살펴보니, 성장하며 앞으로 나아가고 싶은 마음 때문에 열심히 움직이지만, 그것이 나에게 벅찼던 것 같다. 힘에 부쳤고, 잘 해내고 싶은 욕심이 한편으로는 중압감이 되었다는 것을 깨닫게 되었다. 눈물 덕분에 '그랬구나. 나 힘들었었네.' 하는 마음에 잠시 나를 도닥이는 시간을 가져보았다.

휘몰아치는 일과와 함께 개인적으로 해내고 싶은 일들을 함께해 나가려고 할 때면, 어쩔 수 없이 번아웃 전조 증상이 나오게 된다. 그럴 때는 유독 책을 더욱 찾게 되는 것 같다.

마음을 달래기 위해서 타인과 대화를 통해 해결할 수 있다. 하지만 내 마음을 다른 사람들에게 부정적인 마음에 관해 이야기하면 의도치 않게 상대에게 좋지 않은 감정을 전달할 수 있다. 그리고 그 과정에서 마음이 드러나는 것은 어쩌면 나의 치부을 공개하는 것일 수

있으므로 나는 가능하면 혼자 생각하고 문제를 해결하려고 한다. 이런 나의 성향으로 책은 나에게 매우 든든한 문제 해결사가 되어 준다. 책을 읽으면 불안했던 마음들은 사라지고 다시 새로운 마음가짐으로 무언가를 해낼 수 있는 상태가 될 수 있다. 그래서 책은 종종 나의 일상을 잠시 멈추고 쉬었다 갈 수 있는 시간을 만들어 주는 좋은 친구가 되곤 한다.

이렇게 힘들고, 바쁠 때는 오히려 빨리할 일을 해결해야 한다고 생각하지만, 오히려 더욱 멈춤의 시간이 필요하다. 더 나아가기 위해서는, 잠시 멈출 수 있는 용기가 요구된다. 한 발 한 발 앞으로 나아가는 것도 중요하지만, 다음 발자국을 위해서는 현재의 나를 가까이 살펴보고 챙기는 노력을 해야 한다. 당시의 멈춤은 크나큰 공백으로 해서는 안 되는 것처럼 느껴질 수 있다. 하지만 나중에는 언제 그랬냐는 듯 잘 해결되는 경우가 많다. 따라서 마음이 조급해질수록, 마음에 무게감이 느껴질수록 더 멈춤의 시간이 필요하다. 요즘 신조어인 '럭키비키'[3] 사고로, '멈출수록, 오히려 좋아!'라는 마음으로 생각하면 좋다.

---

[3] 행운을 뜻하는 '럭키(Lucky)'와 아이돌 그룹 '아이브(IVE)'의 멤버 장원영의 영어 유치원 시절 이름 '비키(Vicky)'를 결합한 신조어. 모든 일을 부정적으로 바라보기보다는 긍정·낙천적으로 생각함을 뜻한다.

'멈춤의 용기'를 이번 여름 방학에 실행으로 옮겨 보았다. 방학과 동시에 해외로 출국하였다. 새로운 환경이 주는 즐거움, 일상에서 벗어난 곳에서 지난 시간을 되돌아 봄으로써 비움을 실현하였다. 그저 내가 좋아하는 것들, 감각과 취향을 따라 시간을 보냈다. 짧지만 잠시 내려놓음을 통해 다시 현재에 집중하고 주변을 살펴보며 앞으로 나아갈 수 있는 여유로운 일상을 마주할 수 있게 되었다.

그래서 우리는 나를 지키기 위해, 스스로에게 약속해야 한다. 현재 무언가로 인해 마음이 무겁다면 책을 통해 당장 멈춤을 실행해야 한다.

멈추면 곧 다시 새로운 영감과 에너지가 채워질 것이니, 복잡하다면 두려워 말고 멈춤의 용기로 그대로 멈춰라!

행복한 삶을 위해 도움 되는 책

1. 『적정한 삶』, 김경일 지음
   - 자신에게 맞는 균형과 조화를 찾는 삶에서 진정한 행복이 비롯된다고 말합니다. 과도한 욕망이 아닌 적정함 속에서 느끼는 만족과 안정감이 행복의 본질임을 깊이 있게 전해 주는 책입니다.

2. 『행복 시크릿』, 유창장 지음
   - 행복은 성공의 부산물이 아닌 긍정의 마음 훈련을 통해 스스로 깨우치는 능력이라고 강조하며, 일상 속에서 실천할 수 있는 56가지 구체적 마음 훈련법을 제시하는 책입니다.

김정현

11 나를 사랑한다는 것은

작가 마야 안젤루 Maya Angelou 는 말했다.

"나는 자신도 사랑하지 않으면서 나에게 당신을 사랑한다고 말하는 사람을 신뢰하지 않습니다."

— 『리더의 용기』 중에서, 브레네 브라운

사랑이라는 단어만큼 사람을 행복하고 가치 있게 해 주는 말이 또 있을까?

사랑에는 치유의 힘이 있다. 사랑은 누군가를 어둠에서 빛으로 이끄는 원동력이고 행복을 만드는 필요충분조건이다. 그런데 많은 사람이 타인에게는 사랑한다는 말을 쉽게 하면서도 정작 자신에게는 그렇지 않다. 자기의 있는 모습 그대로 사랑하지 못하는 사람이 많다. 진정으로 자신을 사랑하지 못하는 사람이 타인을 온전히 사랑할 수 있을까? 어쩌면 그것은 사랑이라기보다 타인 의존일 수 있다.

내가 열일곱 살 때의 일이다. 당시 우리 집은 아파트 해당 동의 제

내 나이 열일곱 살,
나는 절대적인 사랑 안에서 실존의 의미를 찾았다.

일 끝 라인, 이 층이었고 내 방은 우리 집에서 제일 서쪽 방이었다. 그곳에는 큰 창문이 나 있어서 밖을 내다보기 좋았다. 두 여동생이 같은 방을 사용한 것에 비해 나는 장녀로서 호사를 누린 셈이다. 그 방의 바닥은 노란 장판이었다. 가게에서 파는 장판이 아니라, 엄마가 직접 방바닥 위에 노란 니스를 칠했다. 그 시절 대부분 집에서는 그렇게 했다.

  늦은 오후의 따가운 햇살이 서쪽 창문으로 내리쬐던 가을 어느 날, 나는 유자 빛처럼 노란 장판 위에 누워 크게 소리 내어 울었다. 그 당시 나는 『이방인』의 주인공 뫼르소에 심취해 있었다. 그를 세상에 소개했던 프랑스 실존주의 작가 알베르 카뮈 Albert Camus의 사진을 필통에 붙여 두고 다닐 정도였다. 뫼르소가 아랍인을 바닷가 모래 위에서 권총으로 쏜 까닭은 단순히 '햇볕이 너무 강하게 내리쬐어서'였다. 그것이 내게는 무척 인상적이었다. 이성적으로 납득되지 않던 그의 항변에도 불구하고 내가 매료된 것은 실존의 의미를 풀어가는 작가의 서술 방식이었다. 햇볕이 너무 강하게 내리쬐는 것이 그의 방아쇠를 당기게 한 것이라면, 순간의 감각이 실존 그 자체로 연결된 것이다. 그래서 이 책은 부조리의 대표작으로 불리기도 했다. 알베르 카뮈는 『이방인』의 주인공 뫼르소를 통해 실존의 의미를 감각으로 인한 행위로 표현했다. 나 역시 내게 주어진 삶의 본질과 실존의 의미를 알고자 무던히도 애썼다. 시들지 않는 진정한 가치,

영원한 진리에 목말라 있었다. 유자만큼이나 노란 방바닥에 누워 오열하던 까닭은 왜였을까? 뫼르소가 '햇볕이 강하게 내리쬐어서'라고 말했던 그 상황처럼 창문으로 내리쬐는 햇볕은 내게 실존의 의미를 묻고 있었나 보다. 그 당시 나에게 있어 실존의 키워드는 '사랑'이었다. 누군가가 나를 죽을 만큼 사랑해 주는 이가 있으면 좋겠다고 내 영혼은 절규했다.

표면적으로는 아무 일도 없었다. 그저 학교와 도서관을 오가는 매일의 루틴을 반복하던 십 대 여고생이었다. 하지만 그 평범한 일상 이면에 설렘과 감격, 고뇌와 방황이 함께하곤 했다. 밤하늘 빛나는 별을 바라볼 때마다 가슴이 설레었고, 봄의 교정에 만개한 벚꽃이 고와서 친구랑 손잡고 교정을 몇 바퀴씩 돌았다. 온 세상을 오감으로 느끼며 감성 충만했지만, 끊임없이 영원하고도 충만한 사랑을 고대했다.

내리쬐는 햇살이 눈부시던 구월 어느 날, 노란 장판 방바닥 위에 누워 울고 또 울던 나는 그 무엇으로도 허전한 가슴이 채워지지 않았다. 어디엔가 있을 그 답을 찾고 싶었다. 어릴 때부터 좋아하던 그림 그리기에 몰두하며 내면의 것들을 표현했는가 하면, 지역에서 제일 큰 서점 한쪽 구석에 쪼그리고 앉아 그럴듯한 제목의 책을 꺼내 들고는 했다. 당시 나는 그 시대의 천재 전혜린, 프랑스 부조리 문학의 대가 알베르 카뮈, 인도 철학자 지두 크리슈나무르티 Jiddu

Krishnamurti의 책들을 마주하며 혹시라도 있을 질문의 답을 찾으려 했다. 읽은 내용을 이해할 때도 있었지만, 글이 너무 현학적이어서 읽는 행위 자체를 즐길 때도 적지 않았다. 오랜 시간, 평범한 듯 평범하지 않은 일상을 이어갔다. 내 영혼에는 목마름이 있었고 나는 끊임없이 갈구했다. 어디엔가 있을 누군가가 나를 그저 있는 모습 그대로 절대적으로 사랑해 주기를. 부모님의 헌신적이고 본능적인 사랑이나 형제, 친구들 같은 주변인의 격려나 관심이 그런 마음을 채워 주지는 못했다. 내가 찾아 헤맸던 것은 영원히 꺼지지 않을 완전하고 절대적인 사랑이었다. 주변에서 건네는 사랑의 언어는 내게 크게 와닿지 않았다.

  그런데 그 시절 큰 가치를 두지 않았던 사랑의 표현이 얼마나 고귀한 것인지 지금은 안다. 열일곱 살 어린 문학소녀에게 사랑한다는 말을 들려주던 소중한 분들, 그 당연했던 고백, 따뜻한 위로가 삼십여 년이 훌쩍 지난 지금에 와서 가슴이 에이도록 그립다. 먼저 천국에 가신 어머니, 내 곁에 존재했던 사랑하는 사람들. 당연한 듯 여긴 것이 결코 당연한 것이 아닌, 하늘의 축복이고 영혼의 선물이었음을 뒤늦게 깨닫는다.

  삶의 모퉁이를 돌고 돌아 나는 마침내 절대적인 사랑의 본체를 만났다. 많은 사람이 신앙이라고 부르는 실존, 주님을 만나면서 비로소

그 갈망은 해소되었다. 뫼르소가 방아쇠를 당겨 아랍인을 죽인 것이 실존을 경험하는 감각의 행위였다면, 예수님은 나를 위해 십자가에서 죽어 주심으로 완전한 사랑을 실현했고 내게 실존의 의미를 알게 했다. 더 이상 누군가를 향해, 또는 나를 향해 절대적인 사랑을 찾을 이유가 없었다. 신앙이 머릿속의 개념이 아닌 가슴을 적시고 영혼에 녹아든 실존이 될 때, 나는 그토록 찾던 정답을 찾았고 참된 자유를 얻었다. 이 사랑을 알기에 나는 있는 모습 그대로의 나를 사랑하고 존귀하게 여긴다. 그래서 행복하다. 내가 실수하고 부족할지라도, 이 모습 이대로 나를 사랑하는 절대적인 사랑의 본체를 알기에 이제는 고백할 수 있다.

"나는 나를 진정으로 사랑합니다."

사랑은, 다른 누가 아닌 내가 나에게 베푸는 최고의 호의다. 그런데 오랜 시간 그것을 외부에서, 타인으로부터 갈망했다. 부족하고 연약한 이 모습 이대로, 내가 나를 챙기고 보듬어 주는 것. 나를 마음으로 안아 주고 영혼을 쓰다듬어 주는 것. 두 손 엇갈려 내 가슴을 꼭 안아 주는 포근함. 그 사랑을 '자존감'이라 부른다는 것을 아주 오랜 세월이 지나서야 깨달았다. 답은 내 안에 있었다. 믿음의 실체를 가슴 깊이 만나고 그 안에서 자유할 때, 나는 비로소 나 자신과 온전히 대면했다. 나의 존재 그 자체를 사랑할 수 있었다.

마야 안젤루. 그녀는 2011년 미국 대통령 자유훈장을 수훈한 흑인

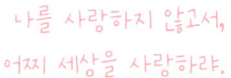 

나를 사랑하지 않고서, 어찌 세상을 사랑하랴.

여성 작가이자 교수로서 전 세계에 영향력을 끼쳤다. 굳이 그의 명언을 빌리지 않더라도 인생의 절반은 살아온 듯한 나의 여정에 비추어 말할 수 있다. 나 자신을 사랑하지 않고 어찌 다른 사람을 사랑하랴? 그러나 많은 경우 교육 현장에서, 매스컴과 도서 시장에서는 나 자신을 사랑하는 것보다 타인을 배려하고 존중하는 덕목에 더 강화되어 있다. 모두가 행복한 세상을 위해 그것은 필수 가치이긴 하지만, 그것을 실현할 수 있는 진정한 힘은 '나를 진정으로 받아들이고 나를 사랑하는 것'에 있다. 사람마다 자신을 사랑하는 방법과 정도는 다를 수 있다. 그러나 타인과 비교하지 않고 순전한 마음으로 예의를 갖추어 자신을 직면하고 사랑하는 것은 이 땅에 존재하는 모든 사람에게 가장 중요한 가치이다.

다른 사람은 어떤지 몰라도 나는 그 길을 신앙 안에서 찾았고, 마침내 그럴 수 있었음에 감사하고 행복하다. 이제는 내 안에 자리한 사랑의 힘으로 타인을 존중하고 배려하는 할 마음의 준비가 되었고 하나씩 실천하며 살아간다. 그들도 나만큼이나 소중한 누구이기에. 우리는 그렇게 나만큼 소중한 타인을 아끼고 존중하며 우리 모두를 향한 사랑을 펼쳐나간다. 밤하늘의 별이 쏟아질 듯 아름다운 것처럼 이 세상은 그 사랑이 곳곳에서 숨 쉬고 있어서 더 아름다운 것이다.

자존감과 관련해서 생각하는 데 도움을 주는 책

1. 『상한 감정의 치유』, 데이빗 A 씨맨즈 지음
   - 상한 감정은 낮은 자존감과 열등감의 원인이 됩니다. 상한 감정을 잘 치유할 수 있는 방법은 무엇일까요? 자기 성찰과 용서, 있는 그대로의 나를 보듬어 안는 적극적인 태도라고 볼 수 있습니다. 이 책을 통해 그 방향과 방법을 알게 될 것입니다.

2. 『행복한 미운 오리 새끼』, 김윤미 지음
   - 7전 8기의 노력과 인내로 마침내 꿈을 달성한 12년 차 초등교사 김윤미 선생님의 이야기입니다. 저자가 낮은 자존감과 열등감을 극복하고, 진정한 자기 사랑을 통해 주변을 아름답게 만들어 가는 감동 스토리입니다. 혼자서는 비행기 한번 타본 적이 없는 저자가 여러 날 동안의 캐나다 로드 트립을 통해 얻게 된 '무엇이든 할 수 있다'는 자신감과 그 뒷이야기가 인상적입니다. 책을 한 번 들면 끊이지 않고 술술 읽어 내려가게 되는 재미와 깊은 감동이 함께하는 책으로서 웃다가 울다가 결국은 지금의 나를 사랑할 수밖에 없는, 진한 여운을 전하는 자전적 에세이입니다.

3. 『프레임』, 최인철 지음
   - 인간과 사회, 관계와 현상을 바라보는 다양한 시각과 새로운 통찰을 얻게 하는 책입니다. 세상을 통찰하고 인식하는 '마음의 창'을 다루는 책으로, 저자의 오랜 연구와 다양한 사례들을 통해 현재의 나를 조명하고 주변에 흔들리지 않는 자존감 높은 주체로서 살아갈 수 있는 길라잡이가 될 것입니다. 아껴 가며 두고 먹고 싶은 비스킷처럼 읽고 생각하며 적용할 수 있는 요소가 많은 것이 특징입니다. 사고의 폭을 한 단계 높여 주는 책으로 권장합니다.

에필로그

"오랫동안 꿈을 그리는 사람은 마침내 그 꿈을 닮아간다."

―앙드레 말로

설레는 마음으로 참석했던 자기경영노트 첫 북토크에서 인상적인 문장을 만났습니다. "오랫동안 꿈을 그리는 사람은 마침내 그 꿈을 닮아간다."라는 앙드레 말로의 글을 보았을 때, 나다니엘 호손의 『큰 바위 얼굴』에 나오는 어니스트가 떠올랐습니다. 어니스트가 늘 바라보던 큰 바위 얼굴을 마침내 닮게 된 것처럼, 저도 교사들과 함께하는 교사 성장 모임 '자기경영노트'이하 자경노에서 꿈을 그리다 보면 그 꿈을 닮아 가리라는 믿음이 생겼습니다.

3년 전 몸과 마음의 아픔으로 치열하게 독서했고, 책을 읽다 보니 마음속에 있던 다양한 감정들을 주체할 수가 없어서 글을 쓰기 시작했습니다. 그렇게 읽고 쓰는 삶을 시작하게 된 그해, 저는 갑상선암 수술을 하고 몸도 마음도 새롭게 태어났습니다. 수술 후, 우연히 김진수 선생님의 "선생님의 이야기가 책이 되는 비결" 책 쓰기 강연을 들었습니다. 나누어 주고 싶어서 안달이 난 사람처럼 무한하게 퍼주며 강의하던 선생님의 모습이 참 인상적이어서 블로그에 종종 들어가 글을 읽었습니다.

지난 2년 동안 자경노 바깥에서 지켜보며 제 마음이 준비되길 기다렸습니다. 제 마음이 무르익었을 때 자경노 5기에 참여하여, 올해 2월부터 선생님들과 독서 모임, 성장 모임, 동아리, 특강과 북토크를 통해 배우며 성장하고 있습니다. 자경노에서 하는 활동들은 모두 참여하자는 생각으로 참여했고, 그렇게 한 학기를 개근하며 마무리했습니다. 그 활동 중에 공저 프로젝트가 있었습니다.

공저에 글을 싣기로 했을 때, 가장 먼저 떠오른 것은 '내 글이 책으로 나와도 괜찮을까?' 하는 두려움이었습니다. 제 삶의 태도와 철학이 담긴 이야기가 모두에게 읽히는 것이 과연 괜찮을까 고민했습니다. 꾸며내지 않은 진솔함이 오히려 부끄러움으로 다가올까 불안하기도 했습니다. 하지만 그 감정을 외면하는 대신, 정면으로 부딪쳐 보기로 했습니다. 저를 향한 시선에 얼마나 무뎌질 수 있는지, 이 도전을 통해 저 스스로 얼마나 단단해질 수 있는지 시험해 보고 싶었습니다.

이러한 저의 도전이 가능했던 이유는 자경노 선생님들과 함께한 덕분이었습니다. 짧은 기간이었지만 자경노 5기 활동을 하면서 그 안에서 제가 느낀 정서적 유대감은 말로 형용할 수 없이 컸기 때문입니다. "빨리 가려면 혼자 가고 멀리 가려면 함께 가라."는 말처럼 자경노에서는 함께 가기 위해 자신이 가진 것을 나누어 주는 선생님들이 많았습니다. 모임을 거듭하면서 받은 배려와 격려 덕분에, 제 안에 뾰족하게 남아 있던 상처들도 많이 아물고 그 자리에 '희망'의 새싹이 자라기 시작했습니다.

종이책에 실릴 글을 쓰는 일은 블로그나 브런치에 글을 쓸 때와는 다른 무게감이 느껴졌습니다. 초고로 쓴 글을 고치고 또 고치는 작업을 하면서 제 안에서 느껴지는 불편함을 어느 정도까지 감당할 수 있는지 확인하게 되었습니다. 글쓰기는 저를 알아가는 과정임을 깨달았고, 독자에게 진솔하고 담백하게 전하기 위해 오히려 저를 더 깊이 들여다보게 되었습니다.

이 책에 담긴 교사 작가 41명의 글은 저마다의 삶을 진솔하게 담아낸 결과물입니다. 글을 쓴다는 것은 결국 스스로를 마주하는 일이라는 것을 우리는 모두 깨달았습니다. 힘들 때마다, 외로울 때마다, 울고 싶을 때마다, 다시 시작하고 싶을 때마다, 중요한 것을 놓치고 싶지 않을 때마다, 저마다의 사연으로 책과 함께한 시간을 붙잡아 글로 그 마음을 풀어냈습니다. 세상의 모든 일은 딱 적당한 시점에 이루어진다고 합니다. 저의 경우 딱 적당한 때에 병이 왔고, 읽고 쓰는 삶을 살게 되었으며, 자경노를 만나 배움과 성장의 울타리에서 동료들과 함께 할 수 있었습니다. 이 책을 만난 지금, 이 순간이 독자님들께도 딱 적당한 때이길 바랍니다.

자경노 선생님들이 책과 함께 다채로운 삶을 살아오면서 쓴 글이 독자님들의 삶에 수많은 희망의 씨앗을 뿌리길 바랍니다. 그 씨앗이 싹을

틔워 독자님들만의 새로운 세상을 만나길 응원합니다.

그리고 각 교실에서 학생들과 함께 날마다 고군분투하며 살아가시는 선생님들께, "우리 사회는 평범한 사람들이 지탱하고 있는 거다."라는 김장하 선생님의 말씀처럼 "우리 공교육은 평범한 교사들이 지탱하고 있습니다."라고 전해드리고 싶습니다.

하루하루 묵묵히 자신의 길을 걸어가는 독자님들이 책이라는 든든한 지지자와 함께, 조금 덜 힘들고 조금 덜 외롭게 나아갈 수 있길 진심으로 바랍니다.

책이라는 든든한 지지자와 함께, 인생의 항로를 개척하길 바라며
정은숙

다시, 책 속 한 줄의 힘

1판 1쇄 인쇄   2025년 10월 13일
1판 1쇄 발행   2025년 10월 23일

지은이 | 자기경영노트 성장연구소
펴낸이 | 박정태
편집이사 | 이명수   출판기획 | 정하경
편집부 | 김동서, 박가연
마케팅 | 박명준, 박두리   온라인마케팅 | 박용대
경영지원 | 최윤숙

펴낸곳   북스타
출판등록   2006. 9. 8. 제 313-2006-000198 호
주소   파주시 파주출판문화도시 광인사길 161 광문각 B/D 4F
전화   031)955-8787
팩스   031)955-3730
E-mail   kwangmk7@hanmail.net
홈페이지   www.kwangmoonkag.co.kr

ISBN   979-11-88768-96-7 03800
가격   18,000원

이 책은 무단전재 또는 복제행위는 저작권법 제97조 5항에 의거
5년 이하의 징역 또는 5,000만 원 이하의 벌금에 처하게 됩니다.

저자와 협의하여 인지를 생략합니다.
잘못 만들어진 책은 바꾸어 드립니다.